Obras Maestras
de la
Literatura Contemporánea

91

Pedro Salinas

Antología poética

Selección de
Luis Suñén

Seix Barral

Dirección del proyecto: R. B. A. Proyectos Editoriales, S.A.

Córcega, 270, 08008 Barcelona (España)
Diseño de tapas y portadillas: Hans Romberg
Primera edición en esta colección: enero de 1985
Depósito legal: B-31315-1984
ISBN 84-322-2247-X
ISBN 84-322-2160-0 colección completa
Printed in Spain - Impreso en España
Cayfosa - Sta. Perpètua de Mogoda - Barcelona

1

Suelo. Nada más.
Suelo. Nada menos.
Y que te baste con eso.
Porque en el suelo los pies hincados,
en los pies torso derecho,
en el torso la testa firme,
y allá, al socaire de la frente,
la idea pura y en la idea pura
el mañana, la llave
—mañana— de lo eterno.
Suelo. Ni más ni menos.
Y que te baste con eso.

5

Posesión de tu nombre,
sola que tú permites,
felicidad, alma sin cuerpo.
Dentro de mí te llevo
porque digo tu nombre,
felicidad, dentro del pecho.
«Ven»: y tú llegas quedo;
«vete»: y rápida huyes.
Tu presencia y tu ausencia
sombra son una de otra,
sombras me dan y quitan.
(¡Y mis brazos abiertos!)
Pero tu cuerpo nunca,
pero tus labios nunca,
felicidad, alma sin cuerpo, sombra pura.

9

Andabas por tierra firme
con ciencia de equilibrista
y pirueta de peligro,
como el que va por maroma
sobre el abismo tendida.
Pero nadie se rió.
Porque un día, al tropezar
—y andabas por tierra firme—
te hiciste el alma pedazos.
¡Y verdad te fue la muerte,
volatinero fingido!

12

¡Soledad, soledad, tú me acompañas
y de tu propia pena me libertas!
Solo, quiero estar solo:
que si suena una voz aquí a mi lado
o si una boca en la boca me besa,
te escapas tú vergonzosa y ligera.
Tan para ti me quieres
que ni al viento consientes sus caricias,
ni en el hogar el chasquido del fuego:
o ellos o tú.
Y sólo cuando callan fuego y viento
y besos y palabras,
te entregas tú por compañera mía.
Y me destila las verdades dulces
la divina mentira de estar solo.

14

El alma tenías
tan clara y abierta,
que yo nunca pude
entrarme en tu alma.
Busqué los atajos
angostos, los pasos
altos y difíciles...
A tu alma se iba
por caminos anchos.
Preparé alta escala
—soñaba altos muros
guardándote el alma—
pero el alma tuya
estaba sin guarda
de tapial ni cerca.
Te busqué la puerta
estrecha del alma,
pero no tenía,
de franca que era,
entradas tu alma.
¿En dónde empezaba?
¿Acababa, en dónde?
Me quedé por siempre
sentado en las vagas
lindes de tu alma.

20

Estos dulces vocablos con que me estás hablando
no los entiendo, paisaje,
no son los míos.
Te diriges a mí con arboledas
suavísimas, con una ría mansa y clara
y con trinos de ave.
Y yo aprendí otra cosa: la encina dura y seca
en una tierra pobre, sin agua, y a lo lejos,
como dechado, el águila,
y como negra realidad, el negro cuervo.
Pero es tan dulce el son de ese tu no aprendido
lenguaje, que presiente el alma en él la escala
por donde bajarán los secretos divinos.
Y ansioso y torpe, a tu vera me quedo
esperando que tú me enseñes el lenguaje
que no es mío, con unas incógnitas palabras
sin sentido.
Y que me lleves a la claridad de lo incognoscible,
paisaje dulce, por vocablos desconocidos.

26

Yo no te había visto,
amarillo limón escondido
entre el follaje bruñido del limonero,
yo no te había visto. Pero al niño
le brotó un fuego nuevo de codicia en los ojos
y tendió las dos manos. Donde ellas no llegaban
llegó su grito.
Ahora es de noche y, como fruto cumplido del día,
te tengo en las manos,
limpio limón escondido,
limpio limón descubierto.
(El niño está ya dormido.)

34

La obediencia que esta noche
me susurras al oído
obediencia es de veleta.
¿Estar quedo? ¿Cambiar mucho?
Eso será como quieran
los aires que muevas tú
para jugar con la ausencia.
No te quejes de mis vueltas
y de no encontrarme nunca
cara a cara:
el huirte es obediencia.
Y si mi alma no te está
nunca quieta,
no la llames volandera:
fidelidad te he jurado
—yo de hierro, tú de aire—
de veleta.

38

Crepúsculo. Sentado en un rincón
siento en el alma el poso de este día.
Aquí a mi lado,
firme pupila la ventana abre:
lo que ella ve de afuera
lo repite en el fondo de la estancia
un viejo espejo familiar, ingenua madre
que la luz y la vida nos trasmite
pura y sin mancha.
En el espejo la mirada hundo
y en lo que veo en él: como en entraña
palpitante del mundo,
la sangre del ocaso hacia él afluye
y por encima, las iniciaciones
de vagas ilusiones estelares
y el signo del apóstata —mas no la cruz—
y el «vencerás conmigo»,
clave de todo el arco.
¿Será posible? Acaso…
Me lanzo a la ventana. Miro:
cada cosa en su sitio, como siempre;
la montaña, el poniente y la estrella primera,
otra vez me confirman esa orden
que al nacer entendí, sin nada nuevo.
¿Y lo que yo esperaba?
Miro al espejo y sólo a mí me veo
—ya se borró el crepúsculo indeciso—
en la estampa de mí que me da el rostro.
De lo demás, allí en los ojos algo…
A mi rincón me vuelvo. Que la vida
se muera lentamente en el espejo.

49

No te veo. Bien sé
que estás aquí, detrás
de una frágil pared
de ladrillos y cal, bien al alcance
de mi voz, si llamara.
Pero no llamaré.
Te llamaré mañana,
cuando al no verte ya,
me imagine que sigues
aquí cerca, a mi lado,
y que basta hoy la voz
que ayer no quise dar.
Mañana... cuando estés
allá detrás de una
frágil pared de vientos,
de cielos y de años.

1

CUARTILLA

Invierno, mundo en blanco.
Mármoles, nieves, plumas,
blancos llueven, erigen
blancura, a blanco juegan.
Ligerísimas,
escurridizas, altas,
las columnas sostienen
techos de nubes blancas.
Bandas
de palomas dudosas
entre blancos, arriba
y abajo, vacilantes
aplazan
la suma de sus alas.
¿Vencer, quién vencerá?
Los copos
inician algaradas.
Sin ruido choques, nieves,
armiños, encontrados.
Pero el viento desata
deserciones, huidas.
Y la que vence es
rosa, azul, sol, el alba:
punta de acero, pluma
contra lo blanco, en blanco,
inicial, tú, palabra.

2

FIGURACIONES

Parecen nubes. Veleras,
voladoras, lino, pluma,
al viento, al mar, a las ondas
—parecen el mar— del viento,
al nido, al puerto, horizontes,
certeras van como nubes.

Parecen rumbos. Taimados
los aires soplan al sesgo,
el sur equivoca al norte,
alas, quillas, trazan rayas,
—aire, nada, espuma, nada—,
sin dóndes. Parecen rumbos.

Parece el azar. Flotante
en brisas, olas, caprichos,
¡qué disimulado va,
tan seguro, a la deriva
querenciosa del engaño!
¡Qué desarraigado, ingrávido,
entre voces, entre imanes,
entre orillas, fuera, arriba,
suelto! Parece el azar.

4

VOCACIÓN

Abrir los ojos. Y ver
sin falta ni sobra, a colmo
en la luz clara del día
perfecto el mundo, completo.
Secretas medidas rigen
gracias sueltas, abandonos
fingidos, la nube aquella,
el pájaro volador,
la fuente, el tiemblo del chopo.
Está bien, mayo, sazón.
Todo en el fiel. Pero yo...
Tú, de sobra. A mirar,
y nada más que a mirar
la belleza rematada
que ya no te necesita.

Cerrar los ojos. Y ver
incompleto, tembloroso,
de será o de no será,
—masas torpes, planos sordos—
sin luz, sin gracia, sin orden
un mundo sin acabar,
necesitado, llamándome
a mí, o a ti, o a cualquiera
que ponga lo que le falta,
que le dé la perfección.

En aquella tarde clara,
en aquel mundo sin tacha,
escogí:
          el otro.
Cerré los ojos.

8

FECHA CUALQUIERA

¡Ay qué tarde organizada
en surtidor y palmera
en cristal recto, desmayo
en palma curva, querencia!

Dos líneas se me echan
encima a campanillazos
paralelas del tranvía.
Pero yo quiero a esas otras
que se van
sin llevarme por el cielo:
telégrafo, nubes blancas,
y
—compás de los horizontes—
el pico de las cigüeñas.

¡Qué perfecto lo redondo
verde, azul! ¡Ay, si se suelta!
Lo tiene un niño de un hilo.
¡Quieto,
aire del sur, aire, aire!
La pura geometría,
dime,
¿quién se la quita a la tarde?

10

NAVACERRADA, ABRIL

Los dos solos. ¡Qué bien
aquí, en el puerto, altos!
Vencido verde, triunfo
de los dos, al venir
queda un paisaje atrás:
otro enfrente, esperándonos.
Parar aquí un minuto.
Sus tres banderas blancas
—soledad, nieve, altura—
agita la mañana.
Se rinde, se me rinde.
Ya su silencio es mío:
posesión de un minuto.
Y de pronto mi mano
que te oprime, y tú, yo,
—aventura de arranque
eléctrico—, rompemos
el cristal de las doce,
a correr por un mundo
de asfalto y selva virgen.
Alma mía en la tuya
mecánica; mi fuerza,
bien medida, la tuya,
justa: doce caballos.

11

ORILLA

¿Si no fuera por la rosa
frágil, de espuma, blanquísima,
que él, a lo lejos se inventa,
quién me iba a decir a mí
que se le movía el pecho
de respirar, que está vivo,
que tiene un ímpetu dentro,
que quiere la tierra entera,
azul, quieto, mar de julio?

18

DON DE LA MATERIA

Entre la tiniebla densa
el mundo era negro: nada.
Cuando de un brusco tirón
—forma recta, curva forma—
le saca a vivir la llama.
Cristal, roble, iluminados
¡qué alegría de ser tienen,
en luz, en líneas, ser
en brillo y veta vivientes!
Cuando la llama se apaga
fugitivas realidades,
esa forma, aquel color,
se escapan.
¿Viven aquí o en la duda?
Sube lenta una nostalgia
no de luna, no de amor,
no de infinito. Nostalgia
de un jarrón sobre una mesa.
¿Están?
Yo busco por donde estaban.
Desbrozadora de sombras
tantea la mano. A oscuras
vagas huellas sigue el ansia.
De pronto, como una llama
sube una alegría altísima
de lo negro: luz del tacto.
Llegó al mundo de lo cierto.
Toca el cristal, frío, duro,
toca la madera, áspera.
¡Están!
La sorda vida perfecta
sin color, se me confirma,
segura, sin luz, la siento:
realidad profunda, masa.

20

LA DIFÍCIL

En los extremos estás
de ti, por ellos te busco.
Amarte: ¡qué ir y venir
a ti misma de ti misma!
Para dar contigo, cerca,
¡qué lejos habrá que ir!
Amor: distancias, vaivén
sin parar.
En medio del camino, nada.
No, tu voz no, tu silencio.
Redondo, terso, sin quiebra,
como aire, las preguntas
apenas le rizan,
como piedras, las preguntas
en el fondo se las guarda.
Superficie del silencio
y yo mirándome en ella.
Nada, tu silencio, sí.

O todo tu grito, sí.
Afilado en el callar,
acero, rayo, saeta,
rasgador, desgarrador,
¡qué exactitud repentina
rompiendo al mundo la entraña,
y el fondo del mundo arriba,
donde él llega, fugacísimo!
Todo, sí, tu grito, sí.

Pero tu voz no la quiero.

22

NÚMEROS

Tenías abecedario
innumerable de estrellas;
clara
ibas poniendo la letra,
noche de agosto.
Pero yo, sin entenderla,
misterio, no la quería.
Aquí en la mesa de al lado
dos hombres echaban cuentas.
Más bellas que los luceros
fúlgidas, cifras y cifras,
cruzaban por el silencio,
puras estrellas errantes,
señales de suerte buena
con largas caudas de ceros.
Y yo me quedé mirándolas:
—¡qué constelación perfecta
tres por tres nueve!— olvidado
de Ariadna, desnuda allí
en islas del horizonte.

26

CINEMATÓGRAFO

1. Luz

Al principio nada fue.
Ni el agua para en ella el pez.
Ni la rama del árbol para la fatigada
ala del pájaro.
Ni la fórmula impresa para casos de duelo.
Ni la sonrisa en la faz de la niña.
Al principio nada fue.
Sólo la tela blanca
y en la tela blanca, nada...
Por todo el aire clamaba,
muda, enorme,
la ansiedad de la mirada.
La diestra de Dios se movió
y puso en marcha la palanca...
Saltó el mundo todo entero
con su brinco primeval.
La tela rectangular
le oprimió en normas severas,
le organizó bruscamente
con dos líneas verticales,
con dos líneas horizontales.
Y el caos tomó ante los ojos
todas las formas familiares:
la dulzura de la colina,
la cinta de los bulevares,
la mirada llena de inquina
del buen traidor de melodrama,
y la ondulación de la cola
del perro fiel a su amo.
El hombre tuerto sintió
que va a quebrársele el ojo
de cristal, a la embestida
de tantas y tantas visiones.
En el fondo gritó un erudito:

«¿Y la palabra y la palabra?»
Y todos los esfuerzos del mundo,
la fuerza lograda y gastada,
las máquinas maravillosas
para correr, para volar,
para amar, para aborrecer
se echaron a funcionar.
El primer día de la creación
humillado, pobre, vencido,
se marchó a llorar a un rincón.
Pero ya el instinto acechaba
en los ojos de la mujer
—la cabellera suelta al viento—
y en el tejer y el destejer
de la tela del sentimiento.
Y el primer día de la creación
se levantó de su rincón
y vino a asomarse a la tela:
en la mano diestra llevaba
el primer corazón del hombre,
que era el último corazón.

2. Oscuridad

El arco voltaico deja
desparramarse su alma
y lo entenebrece todo
la luz, madre de tinieblas.
Ha vuelto la tela blanca.
Pero ya es otra; se hizo
tela maravillosa.
Entre hilo e hilo de su trama
está encerrada toda cosa
y guarda avara
el mundo entero perdido.
Ya todas las almas sienten
su curso como de estrellas
que vivieron en valles floridos de la tierra
y besaron labios humanos.
Ahora vueltas al espacio
extraterrenal

siguen rodando hasta el día
que el destino astral las torne
a acercar al mundo puro,
la tela blanca.

33

AMADA EXACTA

Tú aquí delante. Mirándote
yo. ¡Qué bodas
tuyas, mías, con lo exacto!

Si te marchas, ¡qué trabajo
pensar en ti que estás hecha
para la presencia pura!

Todo yo a recomponerte
con sólo recuerdos vagos:
te equivocaré la voz,
el cabello ¿cómo era?,
te pondré los ojos falsos.

Tu recuerdo eres tú misma.
Ahora ya puedo olvidarte
porque estás aquí, a mi lado.

35

SUR, CON VIENTO

¡Ay, Sevilla, Sevilla,
guerrera mala, dime
por qué todas las tardes
tantas saetas, me las clavas,
rebrillo de azulejos,
desde tus espadañas!
¡Ay, Sevilla, Sevilla!
¿Por qué secas al sol
ventolero de marzo,
blancas
brindadoras de paces,
camisillas de niño
banderas de la tarde
en altas azoteas?
¡Ay, Sevilla, Sevilla,
quiéreme por amigo!
Y Sevilla me quiso.
Y vinieron sus mozas.
Y heridas de saetas
—rebrillos—,
me las vendaban ellas,
con vendas
de camisas de niños,
secas
en altas azoteas.

38

LO OLVIDADO

Estuvo aquí. Sí. Latidos,
corazón tierno de pájaro.
Yo le sentía. ¡Qué lucha
de caricia, roce, pluma!
¡Qué terca lucha suave,
ala impaciente en la mano!

¡Cómo gritaban los cielos
porque fuera y porque no!
(Había en medio una ronda
de acechadores neblíes.)

Ahora ya sin nada.
En la palma abierta el eco,
—tibieza—, de aquel calor,
de su contacto, brevísimo.

¿Llegaría allí, a lo alto?

42

MARCO

¡Qué cuadrado está el mar!
Tiene
costas inverosímiles,
cuatro lindes de oro.
Su corazón titánico
palpita en un espejo.
Tempestades copiadas
quiebran altas espumas
contra listones frágiles
que lo apaciguan todo.
Entras; y en el azogue
donde
tormenta septembrina
se ciñe, lucha y muere,
claro jirón se abre
al par —otro y lo mismo—
que te miras, sonrisa.

46

LOS DESPEDIDOS

Tarde afilada y seca
corta como un cuchillo.
¡Unidad de mi alma!

En un siempre se hinca:
el tiempo, que era un siempre,
partido: ayer, mañana.
Y aquella sombra sola,
única, por la arena,
truncada en dos: tú y yo.

Secos rasgos, los vientos
firman sentencias últimas
de setiembre, destinos.
Aquí el tuyo, allí el mío.

Adioses, sin adiós,
ni pañuelo. El acero
del otoño la vida
nos parte en dos mitades.
La vida
toda entera, dorada,
redonda, allí colgando
en la rama de agosto
donde tú la cogiste.

50

TRIUNFO SUYO

No se le ve,
pero está detrás, seguro,
imperial rostro insufrible,
dueño de lo último.
Aunque me deje ganar
fingidamente un instante
¡qué falsa siento mi fuerza,
que él me presta contra él!
Yo lo sé:
lo mío no es mío, es suyo.
Lo eterno, suyo. Vendrá,
—¡qué bien le siento!— por ello.
Voy a verle cara a cara:
porque ya se está quitando,
porque está tirando ya,
los cielos, las alegrías,
los disimulos, los tiempos,
las palabras, antifaces
leves que yo le ponía
contra —¡irresistible luz!—
su rostro de sin remedio
eternidad, él, silencio.

1

LA ORILLA

Basta, no hay que pedir más,
luz, amor, treinta de abril.
Hay que fingir que ya tienes
bastante, que estás saciado,
que te sobra lo que queda
de abril
después del treinta de abril.
Dejarlo,
como si pudiera darte
más y tú no lo quisieras.
Porque así te irás creído
que no se acababa nunca
lo que se estaba muriendo.
Te irás
sin sospechar que estuviste
allí al borde de lo último.
Porque aquello, fecha, beso
—cuando tú te despediste
te parecía lo eterno—,
era lo último.
Detrás
el fin sin remedio, el fondo
duro y seco de la nada.
Lo que hubieses visto tú,
si llegas a pedir más
abril al treinta de abril.

4

MAR DISTANTE

Si no es el mar, sí es su imagen,
su estampa, vuelta, en el cielo.

Si no es el mar, sí es su voz
delgada,
a través del ancho mundo,
en altavoz, por los aires.
Si no es el mar, sí es su nombre
en un idioma sin labios,
sin pueblo,
sin más palabra que ésta:
mar.

Si no es el mar, sí es su idea
de fuego, insondable, limpia;
y yo,
ardiendo, ahogándome en ella.

7

PARÍS, ABRIL, MODELO

¡Primavera, qué acierto
por fin,
después de tanta prueba
frustrada en tantos años!
¡Cómo conozco ahora
que las pasadas eran
ensayos nada más
de tiempos aprendices!
En ellas
sobraba siempre algo:
demasías de viento,
cuatro grados
más de temperatura,
una sombrilla abierta
pronto, besos precoces.
Locas de inexperiencia
las otras
corrían los jardines
en busca de un altar.
¿Fustes? ¿Troncos? Ni templo
ni bosque. Se probaban
—bronce, mármol— estatuas.
Se ponían
traje de azul de cielo
para tirarlo aprisa
porque lo había usado
el invierno reciente.
Estaban aprendiendo.
Se creían los colores
de la rosa. Buscaban
en estanques. Arrugas
y muecas. ¿Eran ellas?
Tiernas infantas rápidas,
abdicaban, huían:
para reinar muy jóvenes.
Tú, tú eres la primera.

Ni en rosa ni en azul
confiada, nunca en Venus
buscaste forma, tú,
inventora de formas,
modelo,
estatua de ti misma.
Entre cristales,
maniquí, creación
de primavera, aguardas
que florezcan dibujos
en las sedas.
Un termómetro al lado
—¡cuidado, precoz no!—
te anunciará el momento
—¡18 grados, ya!—
de huir el escaparate,
de saltar a los tiempos,
en la proclamación
imperial del desnudo
—sólo yo lo sabía—
que tú llevabas dentro,
modelo,
primavera modelo.

9

AMSTERDAM

Esta noche te cruzan
verdes, rojas, azules, rapidísimas
luces extrañas por los ojos.
¿Será tu alma?
¿Son luces de tu alma, si te miro?
Letras son, nombres claros
al revés, en tus ojos.
Son nombres: *Universum*,
se iluminan, se apagan, con latidos
de luz de corazón. *Universum*.
Miro; ya sé; ya leo:
Universum cinema, ocho cilindros,
saldo de blanco junto a las estrellas.
Te quiero así inocente, toda ajena,
palpitante
en lo que está fuera de ti, tus ojos
proclamando las vívidas
verdades de colores de la noche.
Las compraremos todas
cuando se abran las tiendas, ahora mismo
—*Universum* cinema—, cuando bese
las luces de tu alma, sí, las luces,
anuncios luminosos de la vida
en la noche, en tus ojos.

10

AQUÍ

Me quedaría en todo
lo que estoy, donde estoy.
Quieto en el agua quieta;
de plomo, hundido, sordo
en el amor sin sol.
¡Qué ansia de repetirse
en esto que está siendo!
¡Qué afán de que mañana
sea
nada más que llenar
otra vez al tenderte
ese hueco que deja
hoy exacto en la arena
tu cuerpo!
Ni futuro, ni nuevo
el horizonte. Esto
apretado y estrecho:
tela, carne y el mar.
Nada promete el mundo:
lo da, lo tengo ya.
Nunca me iré de ti
por el viento, en las velas,
por el alma, cantando,
ni por los trenes, no.
Si me marcho será
que estoy
viviendo contra mí.

17

LA TARDE LIBRE

La semana de abril
de pronto se sintió
una ausencia en el pecho:
jueves, su corazón.
Sí, robamos el jueves.
Ella y yo, silenciosos,
de la mano, los dos.
Le robamos con todo.
Con los circos redondos,
y sus volatineras
tiernas, conceptuosas
doncellas de los saltos.
Con las cajas de lápices,
rojos, azules, verdes,
y blancos, blancos, blancos,
blancos, para escribir
en las diez de la noche
de los cielos más negros
cartas a las auroras.
Con las tiendas sin nadie:
se vendían paisajes,
héroes, teorías,
arpas. Y todo a cambio
de arena de la playa.
De arena tan hermosa
que al mirarla
no se compraba nada
por no dejarla allí
color de carne intacta,
entre plata, entre cobre.
Con todo, sí, con todo.
Con escuelas de adioses
a las sombras y al beso.
Al salir se creían
los cuerpos y los labios
que nunca estaban solos.

Sí, con todo y sin fin.
Delicia de ser cómplices
en delicias, los dos.
Y en el borde del miércoles
ver quedarse parados
almanaques atónitos
—no podían seguir—
mientras tú y yo secretos,
ya más allá del cielo,
del tiempo, de los números,
vivíamos el jueves.

25

AFAN

No, no me basta, no.
Ni ese azul en delirio
celeste sobre mí,
cúspide de lo azul.
Ni esa reiteración
cantante de la ola,
espumas afirmando,
síes, síes sin fin.
Ni tantos irisados
primores de las nubes
—ópalo, blanco y rosa—,
tan cansadas de cielo
que duermen en las conchas.
No, no me bastan, no.
Colmo, tensión extrema,
suma de la belleza
el mundo, ya no más.
Y yo más.
Más azul que el azul
alto. Más afirmar
amor, querer, que el sí
y el sí y el sí.
La tarde ya en el límite
de dar, de ser,
agota sus reservas:
gozos, colores, triunfos;
me descubre los fondos
de mares y de glorias,
se estira, vibra, tiembla,
no puede más.
Lo sé, se va a romper
si yo le grito esto
que ya le estoy gritando
irremisiblemente
a golpes:
«Tú, ya no más; yo, más.»

27

LA RESIGNADA

¡Si tú misma no sabes
que no te has acabado!
Cruzas las manos blancas,
te callas las venas,
cierras los ojos,
no te mueves, de miedo
a estar ya cara al cielo,
delgadas tablas entre
la tierra y tú.
Te resignaste ya
a la enorme sospecha:
se acabó.
¡Qué sumisión a esa
muerte
que tú crees aquí!
Pero que está tan lejos,
tan lejos, yo lo veo.
Sueño, sí, no la muerte.
La señal más segura
es que no estarás sola
como los muertos cuando
abras los ojos. (Sola
ya detrás del gran mundo.)
No.
Al abrirlos verás
que estaba yo a tu lado,
esperando y por eso,
por estar yo esperando,
nada más que por eso
—no por el sol y el año,
y lo azul y las huellas—,
no será muerte, no.
Sueño, sí, con su aurora.

29

LOS ADIOSES

I

Adiós. Si te digo adiós,
no nos separaremos tan pronto.
Ya no había nada que decirse.
Y de repente alguien,
tú o yo,
echó la salvación,
esa palabra, adiós, entre nosotros.
Y ahora ya no podemos
irnos así.
Hay que quedarse.
Tenemos que decirnos adiós.
Desenredar esa madeja
del adiós redondo.
Explicar, explicarnos, las entrañas
vivas o muertas del adiós.
Decir adiós, adiós,
de día, de noche;
adioses negros, blancos;
adiós riendo, adiós llorando.
Juntos ya siempre por la despedida,
inseparables
al borde mismo —adiós— del separarse.

II

Poner telegramas:
«Imposible viaje. Surgió adiós imprevisto.»
Escribir cartas, diciendo:
«Ya no puedo operarme.
Tengo una despedida.»
Colgar en la puerta de casa
un papel blanco, donde no esté escrito:
«Cerrado, por adiós.»

III

Apoyados
estamos en la baranda
sobre el agua del adiós.
No está turbia, ni vacía.
Tiene nubes, hojas, vuelos,
dentro,
que van y vienen, que pasan
sin hacer ruido.

Le flotan números, letras,
por encima, sueltas;
no cuentan nada, no dicen
nada.
Cifras elíseas, letras
vestidas de paraíso,
asunción y vacación,
disponibles a otra vida.
Se te ve en el agua —adiós—
mucho mejor que en tu cara.
Se te ve en el agua —adiós—
mucho mejor que en mi alma.
No saldrás nunca de aquí
ya.
Vivirás así, escapada
de tu cara, de mi alma,
tercera de ti, y de mí,
nueva,
hija fresca del adiós.
Vivir:
mirarnos en el adiós.

30
LA SIN PRUEBAS

¡Cuando te marchas, qué inútil
buscar por dónde anduviste,
seguirte!
Si has pisado por la nieve
sería como las nubes
—su sombra—, sin pies, sin peso
que te marcara.
Cuando andas
no te diriges a nada
ni hay senda que luego diga:
«Pasó por aquí.»
Tú no sales del exacto
centro puro de ti misma:
son los rumbos confundidos
los que te van al encuentro.
Con la risa o con las voces
tan blandamente
descabalas el silencio
que no le duele, que no
te siente:
se cree que sigue entero.
Si por los días te busco
o por los años
no salgo de un tiempo virgen:
fue ese año, fue tal día,
pero no hay señal:
no dejas huella detrás.
Y podrás negarme todo,
negarte a todo podrás,
porque te cortas los rastros
y los ecos y las sombras.
Tan pura ya, tan sin pruebas
que cuando no vivas más
yo no sé en qué voy a ver
que vivías,
con todo ese blanco inmenso
alrededor, que creaste.

31

LUZ DE LA NOCHE

Estoy pensando, es de noche,
en el día que hará allí
donde esta noche es de día.
En las sombrillas alegres,
abiertas todas las flores,
contra ese sol, que es la luna
tenue que me alumbra a mí.
Aunque todo está tan quieto
tan en silencio en lo oscuro,
aquí alrededor,
veo a las gentes veloces
—prisa, trajes claros, risa—
consumiendo sin parar,
a pleno goce, esa luz
de ellos, la que va a ser mía
en cuanto alguien diga allí
«ya es de noche».
La noche donde yo estoy
ahora,
donde tú estás junto a mí
tan dormida y tan sin sol
en esa
noche y luna del dormir,
que pienso en el otro lado
de tu sueño, donde hay luz
que yo no veo.
Donde es de día y paseas
—te sonríes al dormir—
con esa sonrisa abierta,
tan alegre, tan de flores,
que la noche y yo sentimos
que no puede ser de aquí.

Tú vives siempre en tus actos.
Con la punta de tus dedos
pulsas el mundo, le arrancas
auroras, triunfos, colores,
alegrías: es tu música.
La vida es lo que tú tocas.

De tus ojos, sólo de ellos,
sale la luz que te guía
los pasos. Andas
por lo que ves. Nada más.

Y si una duda te hace
señas a diez mil kilómetros,
lo dejas todo, te arrojas
sobre proas, sobre alas,
estás ya allí; con los besos,
con los dientes la desgarras:
ya no es duda.
Tú nunca puedes dudar.

Porque has vuelto los misterios
del revés. Y tus enigmas,
lo que nunca entenderás,
son esas cosas tan claras:
la arena donde te tiendes,
la marcha de tu reló
y el tierno cuerpo rosado
que te encuentras en tu espejo
cada día al despertar,
y es el tuyo. Los prodigios
que están descifrados ya.

Y nunca te equivocaste,
más que una vez, una noche
que te encaprichó una sombra
—la única que te ha gustado—.
Una sombra parecía.
Y la quisiste abrazar.
Y era yo.

No, no dejéis cerradas
las puertas de la noche,
del viento, del relámpago,
la de lo nunca visto.
Que estén abiertas siempre
ellas, las conocidas.
Y todas, las incógnitas,
las que dan
a los largos caminos
por trazar, en el aire,
a las rutas que están
buscándose su paso
con voluntad oscura
y aún no lo han encontrado
en puntos cardinales.
Poned señales altas,
maravillas, luceros;
que se vea muy bien
que es aquí, que está todo
queriendo recibirla.
Porque puede venir.
Hoy o mañana, o dentro
de mil años, o el día
penúltimo del mundo.
Y todo
tiene que estar tan llano
como la larga espera.

Aunque sé que es inútil.
Que es juego mío, todo,
el esperarla así
como a soplo o a brisa,
temiendo que tropiece.
Porque cuando ella venga
desatada, implacable,
para llegar a mí,
murallas, nombres, tiempos,
se quebrarían todos,

deshechos, traspasados
irresistiblemente
por el gran vendaval
de su amor, ya presencia.

¡Si me llamaras, sí,
si me llamaras!

Lo dejaría todo,
todo lo tiraría:
los precios, los catálogos,
el azul del océano en los mapas,
los días y sus noches,
los telegramas viejos
y un amor.
Tú, que no eres mi amor,
¡si me llamaras!

Y aún espero tu voz:
telescopios abajo,
desde la estrella,
por espejos, por túneles,
por los años bisiestos
puede venir. No sé por dónde.
Desde el prodigio, siempre.
Porque si tú me llamas
—¡si me llamaras, sí, si me llamaras!—
será desde un milagro,
incógnito, sin verlo.

Nunca desde los labios que te beso,
nunca
desde la voz que dice: «No te vayas.»

Y súbita, de pronto,
porque sí, la alegría.
Sola, porque ella quiso,
vino. Tan vertical,
tan gracia inesperada,
tan dádiva caída,
que no puedo creer
que sea para mí.
Miro a mi alrededor,
busco. ¿De quién sería?
¿Será de aquella isla
escapada del mapa,
que pasó por mi lado
vestida de muchacha,
con espumas al cuello,
traje verde y un gran
salpicar de aventuras?
¿No se le habrá caído
a un tres, a un nueve, a un cinco
de este agosto que empieza?
¿O es la que vi temblar
detrás de la esperanza,
al fondo de una voz
que me decía: «No»?

Pero no importa, ya.
Conmigo está, me arrastra.
Me arranca del dudar.
Se sonríe, posible;
toma forma de besos,
de brazos, hacia mí;
pone cara de mía.
Me iré, me iré con ella
a amarnos, a vivir
temblando de futuro,
a sentirla de prisa,
segundos, siglos, siempres,
nadas. Y la querré
tanto, que cuando llegue
alguien

—y no se le verá,
no se le han de sentir
los pasos— a pedírmela
(es su dueño, era suya),
ella, cuando la lleven,
dócil, a su destino,
volverá la cabeza
mirándome. Y veré
que ahora sí es mía, ya.

¡Ay, cuántas cosas perdidas
que no se perdieron nunca!
Todas las guardabas tú.

Menudos granos de tiempo,
que un día se llevó el aire.
Alfabetos de la espuma,
que un día se llevó el mar.
Yo por perdidos los daba.

Y por perdidas las nubes
que yo quise sujetar
en el cielo
clavándolas con miradas.
Y las alegrías altas
del querer, y las angustias
de estar aún queriendo poco,
y las ansias
de querer, quererte, más.
Todo por perdido, todo
en el haber sido antes,
en el no ser nunca, ya.

Y entonces viniste tú
de lo oscuro, iluminada
de joven paciencia honda,
ligera, sin que pesara
sobre tu cintura fina,
sobre tus hombros desnudos,
el pasado que traías
tú, tan joven, para mí.
Cuando te miré a los besos
vírgenes que tú me diste,
los tiempos y las espumas,
las nubes y los amores
que perdí estaban salvados.
Si de mí se me escaparon,
no fue para ir a morirse

en la nada.
En ti seguían viviendo.
Lo que yo llamaba olvido
eras tú.

Ahí, detrás de la risa,
ya no se te conoce.
Vas y vienes, resbalas
por un mundo de valses
helados, cuesta abajo;
y al pasar, los caprichos,
los prontos te arrebatan
besos sin vocación,
a ti, la momentánea
cautiva de lo fácil.
«¡Qué alegre!», dicen todos.
Y es que entonces estás
queriendo ser tú otra,
pareciéndote tanto
a ti misma, que tengo
miedo a perderte, así.

Te sigo. Espero. Sé
que cuando no te miren
túneles ni luceros,
cuando se crea el mundo
que ya sabe quién eres
y diga: «Sí, ya sé»,
tú te desatarás,
con los brazos en alto,
por detrás de tu pelo,
la lazada, mirándome.
Sin ruido de cristal
se caerá por el suelo,
ingrávida careta
inútil ya, la risa.
Y al verte en el amor
que yo te tiendo siempre
como un espejo ardiendo,
tú reconocerás
un rostro serio, grave,
una desconocida
alta, pálida y triste,
que es mi amada. Y me quiere
por detrás de la risa.

Yo no necesito tiempo
para saber cómo eres:
conocerse es el relámpago.
¿Quién te va a ti a conocer
en lo que callas, o en esas
palabras con que lo callas?
El que te busque en la vida
que estás viviendo, no sabe
más que alusiones de ti,
pretextos donde te escondes.
Ir siguiéndote hacia atrás
en lo que tú has hecho, antes,
sumar acción con sonrisa,
años con nombres, será
ir perdiéndote. Yo no.
Te conocí en la tormenta.
Te conocí, repentina,
en ese desgarramiento brutal
de tiniebla y luz,
donde se revela el fondo
que escapa al día y la noche.
Te vi, me has visto, y ahora,
desnuda ya del equívoco,
de la historia, del pasado,
tú, amazona en la centella,
palpitante de recién
llegada sin esperarte,
eres tan antigua mía,
te conozco tan de tiempo,
que en tu amor cierro los ojos,
y camino sin errar,
a ciegas, sin pedir nada
a esa luz lenta y segura
con que se conocen letras
y formas y se echan cuentas
y se cree que se ve
quién eres tú, mi invisible.

Para vivir no quiero
islas, palacios, torres.
¡Qué alegría más alta:
vivir en los pronombres!

Quítate ya los trajes,
las señas, los retratos;
yo no te quiero así,
disfrazada de otra,
hija siempre de algo.
Te quiero pura, libre,
irreductible: tú.
Sé que cuando te llame
entre todas las gentes
del mundo,
sólo tú serás tú.
Y cuando me preguntes
quién es el que te llama,
el que te quiere suya,
enterraré los nombres,
los rótulos, la historia.
Iré rompiendo todo
lo que encima me echaron
desde antes de nacer.
Y vuelto ya al anónimo
eterno del desnudo,
de la piedra, del mundo,
te diré:
«Yo te quiero, soy yo.»

De prisa, la alegría,
atropellada, loca.
Bacante disparada
del arco más casual
contra el cielo y el suelo.
La física, asustada,
tiene miedo; los trenes
se quedan más atrás
aún que los aviones
y que la luz. Es ella,
velocísima, ciega
de mirar, sin ver nada,
y querer lo que ve.
Y no quererlo ya.
Porque se desprendió
del quiero, del deseo,
y ebria toda en su esencia,
no pide nada, no
va a nada, no obedece
a bocinas, a gritos,
a amenazas. Aplasta
bajo sus pies ligeros
la paciencia y el mundo.
Y lo llena de ruinas
—órdenes, tiempo, penas—
en una abolición
triunfal, total, de todo
lo que no es ella, pura
alegría, alegría
altísima, empinada
encima de sí misma.
Tan alta de esforzarse,
que ya se está cayendo,
doblada como un héroe,
sobre su hazaña inútil.
Que ya se está muriendo
consumida, deshecha
en el aire, perfecta
combustión de su ser.
Y no dejará humo,

ni cadáver, ni pena
—memoria de haber sido—.
Y nadie la sabrá,
nadie, porque ella sola
supo de sí. Y ha muerto.

Todo dice que sí.
Sí del cielo, lo azul,
y sí, lo azul del mar,
mares, cielos, azules
con espumas y brisas,
júbilos monosílabos
repiten sin parar.
Un sí contesta sí
a otro sí. Grandes diálogos
repetidos se oyen
por encima del mar
de mundo a mundo: sí.
Se leen por el aire
largos síes, relámpagos
de plumas de cigüeña,
tan de nieve que caen,
copo a copo, cubriendo
la tierra de un enorme,
blanco sí. Es el gran día.
Podemos acercarnos
hoy a lo que no habla:
a la peña, al amor,
al hueso tras la frente:
son esclavos del sí.
Es la sola palabra
que hoy les concede el mundo.
Alma, pronto, a pedir,
a aprovechar la máxima
locura momentánea,
a pedir esas cosas
imposibles, pedidas,
calladas, tantas veces,
tanto tiempo, y que hoy
pediremos a gritos.
Seguros por un día
—hoy, nada más que hoy—
de que los «no» eran falsos,
apariencias, retrasos,
cortezas inocentes.
Y que estaba detrás,

despacio, madurándose,
al compás de este ansia
que lo pedía en vano,
la gran delicia: el sí.

¡Qué día sin pecado!
La espuma, hora tras hora,
infatigablemente,
fue blanca, blanca, blanca.
Inocentes materias,
los cuerpos y las rocas
—desde cenit total
mediodía absoluto—
estaban
viviendo de la luz,
y por la luz y en ella.
Aún no se conocían
la conciencia y la sombra.
Se tendía la mano
a coger una piedra,
una nube, una flor,
un ala.
Y se las alcanzaba
a todas, porque era
antes de las distancias.
El tiempo no tenía
sospechas de ser él.
Venía a nuestro lado,
sometido y elástico.
Para vivir despacio,
de prisa, le decíamos:
«Para», o «Echa a correr».
Para vivir, vivir
sin más, tú le decías:
«Vete.»
Y entonces nos dejaba
ingrávidos, flotantes
en el puro vivir
sin sucesión,
salvados de motivos,
de orígenes, de albas.
Ni volver la cabeza
ni mirar a lo lejos
aquel día supimos
tú y yo. No nos hacía

falta. Besarnos, sí.
Pero con unos labios
tan lejos de su causa,
que lo estrenaban todo,
beso, amor, al besarse,
sin tener que pedir
perdón a nadie, a nada.

¡Sí, todo con exceso:
la luz, la vida, el mar!
Plural todo, plural,
luces, vidas y mares.
A subir, a ascender
de docenas a cientos,
de cientos a millar,
en una jubilosa
repetición sin fin,
de tu amor, unidad.
Tablas, plumas y máquinas,
todo a multiplicar,
caricia por caricia,
abrazo por volcán.
Hay que cansar los números.
Que cuenten sin parar,
que se embriaguen contando,
y que no sepan ya
cuál de ellos será el último:
¡qué vivir sin final!
Que un gran tropel de ceros
asalte nuestras dichas
esbeltas, al pasar,
y las lleve a su cima.
Que se rompan las cifras,
sin poder calcular
ni el tiempo ni los besos.
Y al otro lado ya
de cómputos, de sinos,
entregarnos a ciegas
—¡exceso, qué penúltimo!—
a un gran fondo azaroso
que irresistiblemente
está
cantándonos a gritos
fúlgidos de futuro:
«Eso no es nada, aún.
Buscaos bien, hay más.»

Extraviadamente
amantes, por el mundo.
¡Amar! ¡Qué confusión
sin par! ¡Cuántos errores!
Besar rostros en vez
de máscaras amadas.
Universo en equívocos:
minerales en flor,
bogando por el cielo,
sirenas y corales
en las nieves perpetuas,
y en el fondo del mar,
constelaciones ya
fatigadas, las tránsfugas
de la gran noche huérfana,
donde mueren los buzos.
Los dos. ¡Qué descarrío!
¿Este camino, el otro,
aquél? Los mapas, falsos,
trastornando los rumbos,
juegan a nuestra pérdida,
entre riesgos sin faro.
Los días y los besos
andan equivocados:
no acaban donde dicen.
Pero para querer
hay que embarcarse en todos
los proyectos que pasan,
sin preguntarles nada,
llenos, llenos de fe
en la equivocación
de ayer, de hoy, de mañana,
que no puede faltar.
De alegría purísima
de no atinar, de hallarnos
en umbrales, en bordes
trémulos de victoria,
sin ganas de ganar.
Con el júbilo único
de ir viviendo una vida

inocente entre errores,
y que no quiere más
que ser, querer, quererse
en la gran altitud
de un amor que va ya
queriéndose
tan desprendidamente
de aquello que no es él,
que va ya por encima
de triunfos o derrotas,
embriagado en la pura
gloria de su acertar.

Qué alegría, vivir
sintiéndose vivido.
Rendirse
a la gran certidumbre, oscuramente,
de que otro ser, fuera de mí, muy lejos,
me está viviendo.
Que cuando los espejos, los espías,
azogues, almas cortas, aseguran
que estoy aquí, yo, inmóvil,
con los ojos cerrados y los labios,
negándome al amor
de la luz, de la flor y de los nombres,
la verdad trasvisible es que camino
sin mis pasos, con otros,
allá lejos, y allí
estoy besando flores, luces, hablo.
Que hay otro ser por el que miro el mundo
porque me está queriendo con sus ojos.
Que hay otra voz con la que digo cosas
no sospechadas por mi gran silencio;
y es que también me quiere con su voz.
La vida —¡qué transporte ya!—, ignorancia
de lo que son mis actos, que ella hace,
en que ella vive, doble, suya y mía.
Y cuando ella me hable
de un cielo oscuro, de un paisaje blanco,
recordaré
estrellas que no vi, que ella miraba,
y nieve que nevaba allá en su cielo.
Con la extraña delicia de acordarse
de haber tocado lo que no toqué
sino con esas manos que no alcanzo
a coger con las mías, tan distantes.
Y todo enajenado podrá el cuerpo
descansar, quieto, muerto ya. Morirse
en la alta confianza
de que este vivir mío no era sólo
mi vivir: era el nuestro. Y que me vive
otro ser por detrás de la no muerte.

Afán
para no separarme
de ti, por tu belleza.

Lucha
por no quedar en donde quieres tú:
aquí, en los alfabetos,
en las auroras, en los labios.

Ansia
de irse dejando atrás
anécdotas, vestidos y caricias,
de llegar,
atravesando todo
lo que en ti cambia,
a lo desnudo y a lo perdurable.

Y mientras siguen
dando vueltas y vueltas, entregándose,
engañándose,
tus rostros, tus caprichos y tus besos,
tus delicias volubles, tus contactos
rápidos con el mundo,
haber llegado yo
al centro puro, inmóvil, de ti misma.
Y verte cómo cambias
—y lo llamas vivir—
en todo, en todo, sí,
menos en mí, donde te sobrevives.

¿Regalo, don, entrega?
Símbolo puro, signo
de que me quiero dar.
Qué dolor, separarme
de aquello que te entrego
y que te pertenece
sin más destino ya
que ser tuyo, de ti,
mientras que yo me quedo
en la otra orilla, solo,
todavía tan mío.
Cómo quisiera ser
eso que yo te doy
y no quien te lo da.
Cuando te digo:
«Soy tuyo, sólo tuyo»,
tengo miedo a una nube,
a una ciudad, a un número
que me pueden robar
un minuto al amor
entero a ti debido.
¡Ah!, si fuera la rosa
que te doy; la que estuvo
en riesgo de ser otra
y no para tus manos,
mientras no llegue yo.
La que no tendrá ahora
más futuro que ser
con tu rosa, mi rosa,
vivida en ti, por ti,
en su olor, en su tacto.
Hasta que tú la asciendas
sobre su deshojarse
a un recuerdo de rosa,
segura, inmarcesible,
puesta ya toda a salvo
de otro amor u otra vida
que los que vivas tú.

Horizontal, sí, te quiero.
Mírale la cara al cielo,
de cara. Déjate ya
de fingir un equilibrio
donde lloramos tú y yo.
Ríndete
a la gran verdad final,
a lo que has de ser conmigo,
tendida ya, paralela,
en la muerte o en el beso.
Horizontal es la noche
en el mar, gran masa trémula
sobre la tierra acostada,
vencida sobre la playa.
El estar de pie, mentira:
sólo correr o tenderse.
Y lo que tú y yo queremos
y el día —ya tan cansado
de estar con su luz, derecho—
es que nos llegue, viviendo
y con temblor de morir,
en lo más alto del beso,
ese quedarse rendidos
por el amor más ingrávido,
al peso de ser de tierra,
materia, carne de vida.
En la noche y la trasnoche,
y el amor y el trasamor,
ya cambiados
en horizontes finales,
tú y yo, de nosotros mismos.

Ya no puedo encontrarte
allí en esa distancia, precisa con su nombre,
donde estabas ausente.
Por venir a buscarme
la abandonaste ya. Saliste de tu ausencia,
y aún no te veo y no sé dónde estás.
En vano iría en busca tuya allí
adonde tanto fue mi pensamiento
a sorprender tu sueño, o tu risa, o tu juego.
No están ya allí, que tú te los llevaste;
te los llevaste, sí, para traérmelos,
pero andas todavía
entre el aquí, el allí. Tienes mi alma
suspensa toda sobre el gran vacío,
sin poderte besar el cuerpo cierto
que va a llegar,
escapada también tu forma ausente
que aún no llegó de la sabida ausencia
donde nos reuníamos, soñando.
Tu sola vida es un querer llegar.
En tu tránsito vives, en venir hacia mí,
no en el mar, ni en la tierra, ni en el aire,
que atraviesas ansiosa con tu cuerpo
como si viajaras.
Y yo, perdido, ciego,
no sé con qué alcanzarte, en donde estés,
si con abrir la puerta nada más,
o si con gritos; o si sólo
me sentirás, te llegará mi ansia,
en la absoluta espera inmóvil
del amor, inminencia, gozo, pánico,
sin otras alas que silencios, alas.

¡Qué probable eres tú!
Si los ojos me dicen,
mirándote, que no,
que no eres de verdad,
las manos y los labios,
con los ojos cerrados,
recorren tiernas pruebas:
la lenta convicción
de tu ser, va ascendiendo
por escala de tactos,
de bocas, carne y carne.
Si tampoco lo creo,
algo más denso ya,
más palpable, la voz
con que dices: «Te quiero»,
lucha para afirmarte
contra mi duda. Al lado
un cuerpo besa, abraza,
frenético, buscándose
su realidad aquí
en mí que no la creo;
besa
para lograr su vida
todavía indecisa,
puro milagro, en mí.
Y lentamente vas
formándote tú misma,
naciéndote,
dentro de tu querer,
de mi querer, confusos,
como se forma el día
en la gran duda oscura.
Y agoniza la antigua
criatura dudosa
que tú dejas atrás,
inútil ser de antes,
para que surja al fin
la irrefutable tú,

desnuda Venus cierta,
entre auroras seguras,
que se gana a sí misma
su nuevo ser, queriéndome.

¡Qué paseo de noche
con tu ausencia a mi lado!
Me acompaña el sentir
que no vienes conmigo.
Los espejos, el agua
se creen que voy solo;
se lo creen los ojos.
Sirenas de los cielos
aún chorreando estrellas,
tiernas muchachas lánguidas,
que salen de automóviles,
me llaman. No las oigo.
Aún tengo en el oído
tu voz, cuando me dijo:
«No te vayas.» Y ellas,
tus tres palabras últimas,
van hablando conmigo
sin cesar, me contestan
a lo que preguntó
mi vida el primer día.
Espectros, sombras, sueños,
amores de otra vez,
de mí compadecidos,
quieren venir conmigo,
van a darme la mano.
Pero notan de pronto
que yo llevo estrechada,
cálida, viva, tierna,
la forma de una mano
palpitando en al mía.
La que tú me tendiste
al decir: «No te vayas.»
Se van, se marchan ellos,
los espectros, las sombras,
atónitos de ver
que no me dejan solo.
Y entonces la alta noche,
la oscuridad, el frío,
engañados también,
me vienen a besar.

No pueden; otro beso
se interpone, en mis labios.
No se marcha de allí,
no se irá. El que me diste,
mirándome a los ojos
cuando yo me marché,
diciendo: «No te vayas.»

Tú no puedes quererme:
estás alta, ¡qué arriba!
Y para consolarme
me envías sombras, copias,
retratos, simulacros,
todos tan parecidos
como si fueses tú.
Entre figuraciones
vivo, de ti, sin ti.
Me quieren,
me acompañan. Nos vamos
por los claustros del agua,
por los hielos flotantes,
por la pampa, o a cines
minúsculos y hondos.
Siempre hablando de ti.
Me dicen:
«No somos ella, pero
¡si tú vieras qué iguales!»
Tus espectros, qué brazos
largos, qué labios duros
tienen: sí, como tú.
Por fingir que me quieres,
me abrazan y me besan.
Sus voces tiernas dicen
que tú abrazas, que tú
besas así. Yo vivo
de sombras, entre sombras
de carne tibia, bella,
con tus ojos, tu cuerpo,
tus besos, sí, con todo
lo tuyo menos tú.
Con criaturas falsas,
divinas, interpuestas
para que ese gran beso
que no podemos darnos
me lo den, se lo dé.

Se te está viendo la otra.
Se parece a ti:
los pasos, el mismo ceño,
los mismos tacones altos
todos manchados de estrellas.
Cuando vayáis por la calle
juntas, las dos,
¡qué difícil el saber
quién eres, quién no eres tú!
Tan iguales ya, que sea
imposible vivir más
así, siendo tan iguales.
Y como tú eres la frágil,
la apenas siendo, tiernísima,
tú tienes que ser la muerta.
Tú dejarás que te mate,
que siga viviendo ella,
embustera, falsa tú,
pero tan igual a ti
que nadie se acordará
sino yo de lo que eras.
Y vendrá un día
—porque vendrá, sí, vendrá—
en que al mirarme a los ojos
tú veas
que pienso en ella y la quiero:
tú veas que no eres tú.

Tú no las puedes ver;
yo, sí.
Claras, redondas, tibias.
Despacio
se van a su destino;
despacio, por marcharse
más tarde de tu carne.
Se van a nada; son
eso no más, su curso.
Y una huella, a lo largo,
que se borra en seguida.
¿Astros?

Tú.
No las puedes besar.
Las beso yo por ti.
Saben; tienen sabor
a los zumos del mundo.
¡Qué gusto negro y denso
a tierra, a sol, a mar!
Se quedan un momento
en el beso, indecisas
entre tu carne fría
y mis labios; por fin
las arranco. Y no sé
si es que eran para mí.
Porque yo no sé nada.
¿Son estrellas, son signos,
son condenas o auroras?
Ni en mirar ni en besar
aprendí lo que eran.
Lo que quieren se queda
allá atrás, todo incógnito.
Y su nombre también.
(Si las llamara lágrimas
nadie me entendería.)

No en palacios de mármol,
no en meses, no, ni en cifras,
nunca pisando el suelo:
en leves mundos frágiles
hemos vivido juntos.
El tiempo se contaba
apenas por minutos:
un minuto era un siglo,
una vida, un amor.
Nos cobijaban techos,
menos que techos, nubes;
menos que nubes, cielos;
aún menos, aire, nada.
Atravesando mares
hechos de veinte lágrimas,
diez tuyas y diez mías,
llegábamos a cuentas
doradas de collar,
islas limpias, desiertas,
sin flores y sin carne;
albergue, tan menudo,
en vidrio, de un amor
que se bastaba él solo
para el querer más grande
y no pedía auxilio
a los barcos ni al tiempo.
Galerías enormes
abriendo
en los granos de arena,
descubrimos las minas
de llamas o de azares.
Y todo
colgando de aquel hilo
que sostenía, ¿quién?
Por eso nuestra vida
no parece vivida:
desliz, resbaladora,
ni estelas ni pisadas
dejó detrás. Si quieres
recordarla, no mires

donde se buscan siempre
las huellas y el recuerdo.
No te mires al alma,
a la sombra, a los labios.
Mírate bien la palma
de la mano, vacía.

¿Las oyes cómo piden realidades,
ellas, desmelenadas, fieras,
ellas, las sombras que los dos forjamos
en este inmenso lecho de distancias?
Cansadas ya de infinitud, de tiempo
sin medida, de anónimo, heridas
por una gran nostalgia de materia,
piden límites, días, nombres.
No pueden
vivir así ya más: están al borde
del morir de las sombras, que es la nada.
Acude, ven, conmigo.
Tiende tus manos, tiéndeles tu cuerpo.
Los dos les buscaremos
un color, una fecha, un pecho, un sol.
Que descansen en ti, sé tú su carne.
Se calmará su enorme ansia errante,
mientras las estrechamos
ávidamente entre los cuerpos nuestros
donde encuentren su pasto y su reposo.
Se dormirán al fin en nuestro sueño
abrazado, abrazadas. Y así luego,
al separarnos, al nutrirnos sólo
de sombras, entre lejos,
ellas
tendrán recuerdos ya, tendrán pasado
de carne y hueso,
el tiempo que vivieron en nosotros.
Y su afanoso sueño
de sombras, otra vez, será el retorno
a esta corporeidad mortal y rosa
donde el amor inventa su infinito.

Ya está la ventana abierta.
Tenía que ser así
el día.
Azul el cielo, sí, azul
indudable, como anoche
le iban queriendo tus besos.
Henchida la luz de viento
y tensa igual que una vela
que lleva el día, velero,
por los mundos a su fin:
porque anoche tú quisiste
que tú y yo nos embarcáramos
en un alba que llegaba.
Tenía que ser así.
Y todo,
las aves de por el aire,
las olas de por el mar,
gozosamente animado:
con el ánima
misma que estaba latiendo
en las olas y los vuelos
nocturnos del abrazar.
Si los cielos iluminan
trasluces de paraíso,
islas de color de edén,
es que en las horas sin luz,
sin suelo, hemos anhelado
la tierra más inocente
y jardín para los dos.
Y el mundo es hoy como es hoy
porque lo querías tú,
porque anoche lo quisimos.
Un día
es el gran rastro de luz
que deja el amor detrás
cuando cruza por la noche,
sin él eterna, del mundo.
Es lo que quieren dos seres
si se quieren hacia un alba.
Porque un día nunca sale

de almanaques ni horizontes:
es la hechura sonrosada,
la forma viva del ansia
de dos almas en amor,
que entre abrazos, a lo largo
de la noche, beso a beso,
se buscan su claridad.
Al encontrarla amanece,
ya no es suya, ya es del mundo.
Y sin saber lo que hicieron,
los amantes
echan a andar por su obra,
que parece un día más.

¡Sensación de retorno!
Pero ¿de dónde, dónde?
Allí estuvimos, sí,
juntos. Para encontrarnos
este día tan claro
las presencias de siempre
no bastaban. Los besos
se quedaban a medio
vivir de sus destinos:
no sabían volar
de su ser en las bocas
hacia su pleno más.
Mi mirada, mirándote,
sentía paraísos
guardados más allá,
virginales jardines
de ti, donde con esta
luz de que disponíamos
no se podía entrar.

Por eso nos marchamos.
Se deshizo el abrazo,
se apartaron los ojos,
dejaron de mirarse
para buscar el mundo
donde nos encontráramos.
Y ha sido allí, sí, allí.
Nos hemos encontrado
allí. ¿Cómo, el encuentro?
¿Fue como beso o llanto?
¿Nos hallamos
con las manos, buscándonos
a tientas, con los gritos,
clamando, con las bocas
que el vacío besaban?
¿Fue un choque de materia
y materia, combate
de pecho contra pecho,
que a fuerza de contactos
se convirtió en victoria

gozosa de los dos,
en prodigioso pacto
de tu ser con mi ser
enteros?
¿O tan sencillo fue,
tan sin esfuerzo, como
una luz que se encuentra
con otra luz, y queda
iluminado el mundo,
sin que nada se toque?
Ninguno lo sabemos.
Ni el dónde. Aquí en las manos,
como las cicatrices,
allí, dentro del alma,
como un alma del alma,
pervive el prodigioso
saber que nos hallamos,
y que su dónde está
para siempre cerrado.
Ha sido tan hermoso
que no sufre memoria,
como sufren las fechas
los nombres o las líneas.
Nada en ese milagro
podría ser recuerdo:
porque el recuerdo es
la pena de sí mismo,
el dolor del tamaño,
del tiempo, y todo fue
eternidad: relámpago.
Si quieres recordarlo
no sirve el recordar.
Sólo vale vivir
de cara hacia ese dónde,
queriéndolo, buscándolo.

A veces un no niega
más de lo que quería, se hace múltiple.
Se dice «no, no iré»
y se destejen infinitas tramas
tejidas por los síes lentamente,
se niegan las promesas que no nos hizo nadie
sino nosotros mismos, al oído.
Cada minuto breve rehusado,
—¿eran quince, eran treinta?—
se dilata en sin fines, se hace siglos,
y un «no, esta noche no»
puede negar la eternidad de noches,
la pura eternidad.
¡Qué difícil saber adónde hiere
un no! Inocentemente
sale de labios puros, un no puro;
sin mancha ni querencia
de herir, va por el aire.
Pero el aire está lleno
de esperanzas en vuelo, las encuentra
y las traspasa por las alas tiernas
su inmensa fuerza ciega, sin querer,
y las deja sin vida y va a clavarse
en ese techo azul que nos pintamos
y abre una grieta allí.
O allí rebota
y su herir acerado
vuelve camino atrás y le desgarra
el pecho, al mismo pecho que lo dijo.
Un no da miedo. Hay que dejarlo siempre
al borde de los labios y dudarlo.
O decirlo tan suavemente
que le llegue
al que no lo esperaba
con un sonar de «sí»,
aunque no dijo sí quien lo decía.

Di, ¿no te acuerdas nunca,
de esa forma perdida,
vaga, de tu pasado:
del color de tus trajes?
¡Qué de geometrías
sobre tu pecho núbil,
palpitantes, temblaron!
El azul fue el azul
cuando tú lo estrenabas;
deja el azul del cielo,
el azul que nadamos.
Vámonos a buscar
tu azul de traje azul,
hacia atrás, por los años.
Calor de terciopelos
de otoño te pesaron
como penas primeras.
Siempre te lo ponías
a las ocho, a las nueve
bajo la luz eléctrica.
Y si eran muy oscuros
al salir a los campos
un gran cielo celeste
los poblaba de estrellas:
parecían agostos.
Pero por las mañanas
a luz de luz primera,
imposible
ponerse sobre el cuerpo
todo lo que no fuese
felicidad o alas.
Cuando no las tenías
salías de los sueños,
del despertar, desnuda
para entrar en la apenas
materia de las sedas.
Con las aguas de abril
las nieves de tus blancos
trajes te florecían.
Campánulas y lirios

a tus telas corrían
a plantarse;
porque tú prolongabas
su florecer, sin fin,
y en los días de invierno
los lanzabas al aire,
seguros, defendidos
del rigor y del hielo
por esa primavera,
sin cesar, de tu carne.

¿En dónde están los pétalos
marchitos de tus trajes?
¿Qué alamedas tapizan
en los mundos incógnitos,
desde que los dejaste?
Tiene que haber un cielo
donde van al morirse
cuando se les acaban
sus glorias terrenales
sobre el cuerpo perfecto:
cielo de recordarles.
Deshechas las materias
de las telas, borradas,
como de criaturas,
las diferencias vanas
entre lino y crespón,
perdidas
andan, por su trasmundo,
de tus trajes las almas.
Las almas que eran trazos
—ahora inflexibles, fríos—,
dibujos de tus trajes,
círculos o triángulos
a quien tus movimientos
grácilmente libraban
de su sino esquemático.
Las almas que eran flores,
desterradas por siempre,
ahora,
a un destierro de campos.
Las almas que eran eso:

un gris, un rosa, un blanco,
que flotan liberadas
por los anchos espacios
de todos los crepúsculos,
como si fueran nubes.
Y tú no las conoces,
cuando yo, recordando
su pasado de trajes
tuyos, te las señalo,
allá, en su paraíso.

Aquí
en esta orilla blanca
del lecho donde duermes
estoy al borde mismo
de tu sueño. Si diera
un paso más, caería
en sus ondas, rompiéndolo
como un cristal. Me sube
el calor de tu sueño
hasta el rostro. Tu hálito
te mide la andadura
del soñar: va despacio.
Un soplo alterno, leve
me entrega ese tesoro
exactamente: el ritmo
de tu vivir soñando.
Miro. Veo la estofa
de que está hecho tu sueño.
La tienes sobre el cuerpo
como coraza ingrávida.
Te cerca de respeto.
A tu virgen te vuelves
toda entera, desnuda,
cuando te vas al sueño.
En la orilla se paran
las ansias y los besos:
esperan, ya sin prisa,
a que abriendo los ojos
renuncies a tu ser
invulnerable. Busco
tu sueño. Con mi alma
doblada sobre ti
las miradas recorren,
traslúcida, tu carne
y apartan dulcemente
las señas corporales,
por ver si hallan detrás
las formas de tu sueño.
No lo encuentran. Y entonces
pienso en tu sueño. Quiero

descifrarlo. Las cifras
no sirven, no es secreto.
Es sueño y no misterio.
Y de pronto, en el alto
silencio de la noche,
un soñar mío empieza
al borde de tu cuerpo;
en él el tuyo siento.
Tú dormida, yo en vela,
hacíamos lo mismo.
No había que buscar:
tu sueño era mi sueño.

No te detengas nunca
cuando quieras buscarme.
Si ves muros de agua,
anchos fosos de aire,
setos de piedra o tiempo,
guardia de voces, pasa.
Te espero con un ser
que no espera a los otros:
en donde yo te espero
sólo tú cabes. Nadie
puede encontrarse
allí conmigo sino
el cuerpo que te lleva,
como un milagro, en vilo.
Intacto, inajenable,
un gran espacio blanco,
azul, en mí, no acepta
más que los vuelos tuyos,
los pasos de tus pies;
no se verán en él
otras huellas jamás.
Si alguna vez me miras
como preso encerrado,
detrás de puertas,
entre cosas ajenas,
piensa en las torres altas,
en las trémulas cimas
del árbol, arraigado.
Las almas de las piedras
que abajo están sirviendo
aguardan en la punta
última de la torre.
Y ellos, pájaros, nubes,
no se engañan: dejando
que por abajo pisen
los hombres y los días,
se van arriba,
a la cima del árbol,
al tope de la torre,
seguros de que allí,

en las fronteras últimas
de su ser terrenal
es donde se consuman
los amores alegres,
las solitarias citas
de la carne y las alas.

¡Gloria a las diferencias
entre tú y yo que llaman
nuestro amor a la alerta,
cara a cara, a probarse!
¡Qué fácil unidad
de los que son iguales!
¡Qué entenderse tan liso,
de arena con la arena,
de agua con agua o luz
y luz!
En lo que nos separa
laten, nos llaman, ávidas,
las victorias futuras,
esperando.
Cuando hallamos lo igual
de ti y de mí descansa
el amor de su lucha
sobre triunfos floridos
que en el beso se cumplen,
horizontales. Luego,
lo distinto se alza,
nos pone en pie, nos llama
otra vez a vencernos
por las minas oscuras.
Tempestades amantes
igual que las celestes
desembocan en fúlgidas
sorpresas: en más luz,
en la cándida
novedad de lo mismo.
Delicadas, ardientes,
nuestras almas se buscan
por nuestro diferir
como por un camino
donde no hay despedidas.
Y al final, el hallazgo,
el contacto, la nueva
separación vencida,
la unión pura brotando
de lo que desunía.

Y tu cara y mi cara
mirándose en el triunfo
como en un agua quieta,
no verán diferencias
—uno y uno, tú y yo—;
sólo verán un rostro,
amor, que les sonríe.

Cuando te digo: «alta»
no pienso en proporciones, en medidas:
incomparablemente te lo digo.
Alta la luz, el aire, el ave;
alta, tú, de otro modo.

En el nombre de «hermosa»
me descubro, al decírtelo,
una palabra extraña entre los labios.
Resplandeciente visión nueva
que estalla, explosión súbita,
haciendo mil pedazos,
de cristal, humo, mármol,
la palabra «hermosura» de los hombres.

Al decirte a ti: «única»,
no es porque no haya otras
rosas junto a las rosas,
olivas muchas en el árbol, no.
Es porque te vi sólo
al verte a ti. Porque te veo ahora
mientras no te me quites del amor.
Porque no te veré ya nunca más
el día que te vayas,
tú.

Nadadora de noche, nadadora
entre olas y tinieblas.
Brazos blancos hundiéndose, naciendo,
con un ritmo
regido por designios ignorados,
avanzas
contra la doble resistencia sorda
de oscuridad y mar, de mundo oscuro.
Al naufragar el día,
tú, pasajera
de travesías por abril y mayo,
te quisiste salvar, te estás salvando,
de la resignación, no de la muerte.
Se te rompen las olas, desbravadas,
hecho su asombro espuma,
arrepentidas ya de su milicia,
cuando tú les ofreces, como un pacto,
tu fuerte pecho virgen.
Se te rompen
las densas ondas anchas de la noche
contra ese afán de claridad que buscas,
brazada por brazada, y que levanta
un espumar altísimo en el cielo;
espumas de luceros, sí, de estrellas,
que te salpica el rostro
con un tumulto de constelaciones,
de mundos. Desafía
mares de siglos, siglos de tinieblas,
tu inocencia desnuda.
Y el rítmico ejercicio de tu cuerpo
soporta, empuja, salva
mucho más que tu carne. Así tu triunfo
tu fin será, y al cabo, traspasadas
el mar, la noche, las conformidades,
del otro lado ya del mundo negro,
en la playa del día que alborea,
morirás en la aurora que ganaste.

¿Cómo me vas a explicar,
di, la dicha de esta tarde,
si no sabemos por qué
fue, ni cómo, ni de qué
ha sido,
si es pura dicha de nada?
En nuestros ojos visiones,
visiones y no miradas,
no percibían tamaños,
datos, colores, distancias.
De tan desprendidamente
como estaba yo y me estabas
mirando, más que mirando,
mis miradas te soñaban,
y me soñaban las tuyas.
Palabras sueltas, palabras,
deleite en incoherencias,
no eran ya signo de cosas,
eran voces puras, voces
de su servir olvidadas.
¡Cómo vagaron sin rumbo,
y sin torpeza, caricias!
Largos goces iniciados,
caricias no terminadas,
como si aún no se supiera
en qué lugar de los cuerpos
el acariciar se acaba,
y anduviéramos buscándolo,
en lento encanto, sin ansia.
Las manos, no era tocar
lo que hacían en nosotros,
era descubrir; los tactos,
nuestros cuerpos inventaban,
allí en plena luz, tan claros
como en la plena tiniebla,
en donde sólo ellos pueden
ver los cuerpos,
con las ardorosas palmas.
Y de estas nadas se ha ido
fabricando, indestructible,

nuestra dicha, nuestro amor,
nuestra tarde.
Por eso aunque no fue nada,
sé que esta noche reclinas
lo mismo que una mejilla
sobre ese blancor de plumas
—almohada que ha sido alas—,
tu ser, tu memoria, todo,
y que todo te descansa,
sobre una tarde de dos,
que no es nada, nada, nada.

No canta el mirlo en la rama,
ni salta la espuma en el agua:
lo que salta, lo que canta
es el proyecto en el alma.
Las promesas tienen hoy
rubor de haber prometido
tan poco, de ser tan cortas;
se escapan hacia su más,
todas trémulas de alas.
Perfección casi imposible
de la perfección hallada,
en el beso que se da
se estremece de impaciencia
el beso que se prepara.
El mundo se nos acerca
a pedirnos que le hagamos
felices con nuestra dicha.
Horizontes y paisajes
vienen a vernos, nos miran,
se achican para caberte
en los ojos; las montañas
se truecan en piedrecillas,
por si las coge tu mano,
y pierden su vida fría
en la vida de tu palma.
Leyes antiguas del mundo,
ser de roca, ser de agua,
indiferentes
se rompen porque las cosas
quieren vivirse también
en la ley de ser felices,
que en nosotros se proclama
jubilosamente.
Todo querría ser dos
porque somos dos. El mundo
seducido por el canto
del gran proyecto en el alma
se nos ofrece, nos da
rosas, brisas y coral,
innumerables materias

dóciles, esperanzadas
de que con ellas tú y yo
labremos
el gran amor de nosotros.
Coronándonos, la dicha
nos escoge, nos declara
capaces de creación
alegre. El mundo cansado
podría ser —él lo siente—,
si nosotros lo aceptamos
por cuerpo de nuestro amor,
recién nacido otra vez,
primogénito del gozo.
¿Le oyes
que se nos está ofreciendo
en flor, en roca y en aire?
Pero tú y yo resistimos
la tentación de su voz,
la lástima que nos da
su gran cuerpo sin empleo.
Allí se quedan las piedras,
las violetas, ajenas,
tan fáciles de morir,
esperando
otro amor que las redima.
No.
Nuestro proyecto cantante,
empinado, irresistible,
de su embriaguez en el alma,
no se labrará en los mármoles
ni con pétalos o sueños:
se hará carne en nuestra carne.
Le entregamos alma y cuerpo
para que él sea y se viva.
Y sin ayuda del mundo,
de su bronce, de su arena,
tendrá forma en lo que ofrecen
nuestros dos seres unidos:
la pareja suficiente.
Y las dos vidas, viviendo

abrazadas,
serán la dócil materia
eterna, con que se labre
el gran proyecto del alma.

SALVACIÓN POR EL CUERPO

¿No lo oyes? Sobre el mundo,
eternamente errante
de vendaval, a brisas o a suspiro,
bajo el mundo,
tan poderosamente subterránea
que parece temblor, calor de tierra,
sin cesar, en su angustia desolada,
vuela o se arrastra el ansia de ser cuerpo.
Todo quiere ser cuerpo.
Mariposa, montaña,
ensayos son alternativos
de forma corporal, a un mismo anhelo:
cumplirse en la materia,
evadidas por fin del desolado
sino de almas errantes.
Los espacios vacíos, el gran aire,
esperan siempre, por dejar de serlo,
bultos que los ocupen. Horizontes
vigilan avizores, en los mares,
barcos que desalojen,
con su gran tonelaje y con su música,
alguna parte del vacío inmenso
que el aire es fatalmente;
y las aves
tienen el aire lleno de memorias.
¡Afán, afán de cuerpo!
Querer vivir es anhelar la carne,
donde se vive y por la que se muere.
Se busca oscuramente sin saberlo
un cuerpo, un cuerpo, un cuerpo.
Nuestro primer hallazgo es el nacer.
Si se nace
con los ojos cerrados, y los puños
rabiosamente voluntarios, es
porque siempre se nace de quererlo.
El cuerpo ya está aquí; pero se ignora,
como al olor de rosa se le olvida
la rosa. Le llevamos

al lado nuestro, se le mira,
en los espejos, en las sombras.
Solamente costumbre. Un día,
la infatigable sed de ser corpóreo
en nosotros irrumpe,
lo mismo que la luz, necesitada
de posarse en materia para verse,
por el revés de sí, verse en su sombra.
Y como el cuerpo más cercano,
de todos los del mundo es este nuestro,
nos unimos con él, crédulos, fáciles,
ilusionados de que bastará
a nuestro afán de carne. Nuestro cuerpo
es el cuerpo primero en que vivimos,
y eso se llama juventud a veces.

Sí, es el primero y eran dieciséis
los años de la historia.
Agua fría en la piel,
zumo de mundo inédito en la boca,
locas carreras para nada, y luego,
el cansancio feliz. Tibios presagios,
sin rumbo el rostro corren,
disfrazados de ardores sin motivo.
Nos sospechamos nuestros labios, ya.
La primera soledad se siente en ellos.
¡Y qué asombrado es el reconocerse
en estas tentativas de presencia,
nosotros en nosotros, vagabundos
por el cuerpo soltero!
Alegremente fáciles,
se vive así en materia
que nada necesita, sino es ella,
igual que la inicial estrella de la noche,
tan suficientemente solitaria.
Así viven los seres
tiernamente llamados animales:
la gacela
está en bodas recientes con su cuerpo.

Pero luego supimos,
lo supimos tú y yo en el mismo día,

que un cuerpo que se busca
cuando se tiene ya y se está cansado
de su repetición y de su pulso,
sólo se encuentra en otro.
¿Con qué buscar los cuerpos?
Con los ojos se buscan, penetrantes,
en la alta madrugada, ese paisaje
del invierno del día, tan nevado,
en el lecho se busca,
donde estoy solo, donde tú estarás.
La blancura vacía
se puebla de recuerdos no tenidos,
la recorren presagios sonrosados
de aquel rosado bulto que tú eras,
y brota, inmaterial masa de sueño,
tu inventada figura hasta que llegues.
Allí, en la oscura noche
cuando el silencio lo permite todo,
y parece la vida,
el oído en vela escucha
vaga respiración, suspiro en eco,
sospechas del estar un cuerpo al lado.
Porque un cuerpo —lo sabes y lo sé—
sólo está en su pareja.
Ya se encontró: con lentas claridades,
muy despacio.
¡Cómo desembocamos en el nuevo,
cuerpo con cuerpo igual que agua con agua,
corriendo juntos entre orillas
que se llaman los días más felices!
¡Cómo nos encontramos con el nuestro
allí en el otro, por querer huirlo!
Estaba allí esperándose, esperándonos:
un cuerpo es el destino de otro cuerpo.

Y ahora se le conoce, ya, clarísimo.
Después de tantas peregrinaciones,
por temblores, por nubes y por números,
estaba su verdad definitiva.
Traspasamos los límites antiguos.
La vida salta, al fin, sobre su carne,
por un gran soplo corporal henchidas

las nuevas velas:
atrás se cierra un mar y busca otro.
Encarnación final, y jubiloso
nacer, por fin, en dos, en la unidad
radiante de la vida, dos. Derrota
del solitario aquel nacer primero.
Arribo a nuestra carne trascorpórea,
al cuerpo, ya, del alma.
Y se quedan aquí tras el hallazgo
—milagroso final de besos lentos—,
rendidos nuestros bultos y estrechados,
sólo ya como prendas, como señas,
de que a dos seres les sirvió esta carne
—por eso está tan trémula de dicha—
para encontrar, al cabo, al otro lado,
su cuerpo, el del amor, último y cierto.
Ese
que inútilmente esperarán las tumbas.

EL DOLOR

No. Ya sé que le gustan
cuerpos recientes, jóvenes,
que le resisten bien
y no se rinden pronto.
Busca carnes rosadas,
dientes firmes, ardientes
ojos que aún no recuerdan.
Los quiere más. Así
su estrago
no se confundirá
con el quemar del tiempo,
arruinando los rostros
y los torsos derechos.
Su placer es abrir
la arruga en la piel fresca,
romper los puros vidrios
de los ojos intactos
con la lágrima cálida.
Doblar la derechura
de los cuerpos perfectos,
de modo que ya sea
más difícil mirar
al cielo desde ellos.
Sus días sin victoria
son esos en que quiebra
no más que cuerpos viejos,
en donde el tiempo ya
tiene matado mucho.
Su gran triunfo, su júbilo
tiene color de selva:
es la sorpresa, es
tronchar la plena flor,
las voces en la cima
del cántico, los altos
mediodías del alma.

Yo sé cómo le gustan
los ojos.

Son los que miran lejos
saltando por encima
de su cielo y su suelo,
y que buscan al fondo
tierno del horizonte
esa grieta del mundo
que hacen azul y tierra
al no poder juntarse
como Dios los mandó.
Esa grieta, por donde
caben todas las alas
que nos están batiendo
contra el muro del alma,
encerradas, frenéticas.

Yo sé cómo le gustan
los brazos. Largos, sólidos,
capaces de llevar
sin desmayo,
entre torrentes de años,
amores en lo alto,
sin que nunca se quiebren
los cristales sutiles
de distancia y ensueño
de que está hecha su ausencia.

Yo sé cómo le gustan
las bocas y los labios.
No los vírgenes, no,
de beso: los besados
largamente, hondamente.
Los muertos sin besar
no conocen el filo
de la separación.
El separarse es
dos bocas que se apartan
contra todo su sino
de estar besando siempre.
Y por eso las bocas
que ya besaron son
sus favoritas. Tienen
más vida que quitar:

la vida que confiere
a toda boca el don
de haber sido besada.

Yo sé cómo le gustan
las almas. Y por eso
cuando te tengo aquí
y te miro a los ojos,
y el alma allí te luce,
como un grano de arena
celeste, estrella pura,
con sino de atraer
más que todas las otras,
te cubro con mi vida,
y aquí en mi amor te escondo.

Para que no te vea.

SUICIDIO HACIA ARRIBA

Flotantes, boca arriba,
en alta mar, los dos.
En el gran horizonte solo, nadie,
nadie que mire al cielo,
nadie
a quien pueda él mirar,
sino estos cuatro ojos únicos,
cuatro, por donde al mundo
le llega el necesario
don de ser contemplado.
Fuera de los caminos de los barcos,
felices escapados del auxilio,
que sería un error contra nosotros.
Por voluntad allí desnudos. Los dos.
Con esas marcas leves
secretamente conocidas,
cicatriz, señal, mancha rosada, lunar,
misterioso bautizo
de nuestra carne
que sólo el ser amado encuentra, atónito,
siempre en su sitio, en el amor o el odio,
junto al seno,
o entre la cabellera, ocultas.
Y no más nombres ya, no más maneras
de conocernos que esas señas leves,
de la carne en la carne.
Y vagamente otras
marcas también secretas
en el rastro de alma que aún nos queda.
Los nombres se borraron
ante una luz mayor, como luceros,
en el borde del alba.
Al aire ya.
Y para no volver bajo los techos
y no ver nunca más las grietas,
terribles, que nos duelen,
al despertarnos juntos,

tornando al mundo, y la primera cosa,
es una grieta atroz, sin alma, arriba.

Hay que decir, y que lo sepan bien
los que viven aún bajo techado,
donde telas de araña se entretejen
para cazar, para agostar los sueños,
donde hay rincones
en que línea y línea se cortan
y sacrifican en fatales ángulos
su sed de infinitud,
que nosotros estamos
contentos, sí, contentos
del cielo alto, de sus variaciones,
de sus colores que prometen todo
lo que se necesita
para vivir por ello y no tenerlo.

Sin andar, ya,
despedidas las plantas de los pies,
del más triste contacto de la vida,
del suelo y sus caminos:
se acabaron los pasos y los bailes.
Viven en la alegría fabulosa
de saber que la tierra ya no vuelve,
que ya no marcharán. Están al aire;
el aire, el sol les dan triunfales signos
de libertad. Se apoyan en el agua,
sin guijarros, sin cuestas, son ya libres.

Sin ver ya nada hecho por el hombre.
Ni las telas sutiles, las sedas,
con que disimulabas tu verdad,
cuando errábamos torpes
por la ilusión sencilla de la vida.
Ni las redondas formas de cristal,
donde se maduraban, por el día,
frutos de luz, abiertos al crepúsculo,
colgando de las lámparas.
Ni las cerillas, ni las tiernas máquinas
—relojes—
donde el tiempo, entre ruedas de tormento,

perdía su bravura,
y se iba desangrando
minuto por minuto, gota a gota,
contándonos
todas las dimensiones de la cárcel.
Nada. Todo lo que hizo el hombre,
suprimido.
Y ausentes ya las pruebas de otros seres,
sus obras,
sin señas de que nadie exista,
sin la demostración desconsolada
que es tener en las manos
monedas de oro o un retrato,
no hay nada que nos pruebe
que hubo antes otros, que otros todavía
son nuestros padres, nuestros hijos, vínculos.
Podremos ya creernos
los dos primeros, últimos, sin nadie.
Ser los que abren al mundo
su puerta virgen y lo estrenan todo,
y si oyen otra voz, sólo es su eco,
y se ven una huella,
ponen la planta encima, y es la suya.
Ir tomando
—porque no hay duda ya de que nosotros,
somos los dos llamados—
posesión lenta, al fin, del paraíso.
Hundirse muy despacio,
con la satisfacción clara, en el rostro,
del último color, gris, negro, rosa,
que se queda en lo alto.
El paraíso está debajo
de todo lo supuesto, lo sabemos.
Lo supuesto es la vida y es el mar.
Y por eso desnudos, voluntarios,
lo vamos a buscar,
sumergiéndonos,
suicidas alegres hacia arriba,
en el final acierto,
de nuestra creación, que es nuestra muerte.

LA FALSA COMPAÑERA

Yo estaba descansando
de grandes soledades
en una tarde dulce
que parecía casi
tan tierna como un pecho.
Sobre mí, ¡qué cariño
vertían, entendiéndolo
todo, las mansas sombras
los rebrillos del agua,
los trinos, en lo alto!
¡Y de pronto la tarde
se acordó de sí misma
y me quitó su amparo!
¡Qué vuelta dio hacia ella!
¡Qué extática, mirándose
en su propia belleza,
se desprendió de aquel
pobre contacto humano,
que era yo, y me dejó,
también ella, olvidado!
El cielo se marchó
gozoso, a grandes saltos
—azules, grises, rosas—
a alguna misteriosa
cita con otro cielo
en la que le esperaba
algo más que la pena
de estos ojos de hombre
que le estaban mirando.
Se escapó tan de prisa
que un momento después
ya ni siquiera pude
tocarlo con la mano.
Los árboles llamaron
su alegría hacia adentro;
no pude confundir
a sus ramas con brazos
que a mi dolor se abrían.

Toda su vida fue
a hundirse en las raíces:
egoísmo del árbol.
La lámina del lago,
negándome mi estampa,
me dejó abandonado
a este cuerpo hipotético,
sin la gran fe de vida
que da el agua serena
al que no está seguro
de si vive y la mira.
Todo se fue. Los píos
más claros de los pájaros
ya no los comprendía.
Inteligibles eran
para otras aves; ya
sin cifra para el alma.
Yo estaba solo, solo.
Solo con mi silencio;
solo, si lo rompía,
también, con mis palabras.
Todo era ajeno, todo
se marchaba a un quehacer
incógnito y remoto,
en la tierra profunda,
en los cielos lejanos.
Implacable, la tarde
me estaba devolviendo
lo que fingió quitarme
antes: mi soledad.
Y entre reflejos, vientos,
cánticos y arreboles,
se marchó hacia sus fiestas
trascelestes, divinas,
salvada ya de aquella
tentación de un instante
de compartir la pena
que un mortal le llevaba.
Aún volvió la cabeza;
y me dijo, al marcharse,
que yo era sólo un hombre,
que buscara a los míos.

Y empecé, cuesta arriba,
despacio, mi retorno
al triste techo oscuro
de mí mismo: a mi alma.
El aire parecía
un inmenso abandono.

LOS PUENTES

¿Qué habría sido de nosotros, di,
si no existieran puentes?
Pero hay puentes, hay puentes. ¿Los recuerdas?

Nada mejor para pasar las noches
sin algas, en que enero
escribe cartas a la primavera
con níveos alfabetos sobre el mundo,
que abrirse la memoria, el viejo álbum
que lleva en casa varios años
puesto sobre la mesa de la sala
para que se entretengan las visitas.
Voy a abrirlo.
Y como estás dormida y estás lejos
lo podremos mirar sin esa prisa
que tiembla en tu mirada cuando vienes.
Lo podremos mirar, sí, con los ojos
que tú te quitas siempre y que me entregas,
cuando vas a dormir, como sortijas,
para que yo los guarde y no esté ciego.
(Tus ojos son más míos cuando duermes
porque miran a nada o a los sueños,
y yo soy ese sueño, o nada, tuyo.)
Y hoja por hoja,
sin miedo a que se escape tu mirada
con algún dios que cruza por la esquina,
iremos, yo, tus ojos y yo, mientras descansas,
bajo los tersos párpados vacíos,
a cazar puentes, puentes como liebres,
por los campos del tiempo que vivimos.
No puede haber un puente
tan breve como éste,
que es el primero que encontramos: tú.
¿Recuerdas cuántas veces
lo hemos cruzado?
Por lejos que se esté si digo: «tú»,
si dices: «tú», se pasa invariablemente,
de mí a ti, de ti a mí.

Se pasa
sin sentirlo las alas,
y de pronto me encuentro
en el lugar más bello de tu orilla
a la sombra que me hace siempre el alma
cuyo tierno ramaje inmarcesible
son tus miradas, cuando a mí me miran.
Millones de palabras nos apartan,
nombres propios o verbos,
y hablar de lo demás es siempre un río
que aumenta las distancias de este mundo,
hasta que sin querer se dice: «tú».
«Tú», la palabra sola
por donde un gran amor puede pasar
a las islas felices,
seguro, con su séquito
de caballos alegres y corales.
En el álbum conservo
por si un día te mueres y lo olvidas,
en la página ciento veintidós
y nítida, la estampa
del primer puente o «tú» que nos dijimos.

Sigamos, sí, pasando hojas. Mira:
éste es un puente largo, es de cristales;
se labra, sobre todo, por las noches.
Hay lágrimas que no se pierden nunca
mejilla abajo, en los pañuelos
con que inocentemente pretendemos
cortarles su querencia. Su querencia
se cumple: lo que quieren es unir.
Y nunca que se llora se está lejos.
O tu llanto o mi llanto
sobre las soledades se han tendido
uniendo las distancias
que abren la lógica y las risas
tan peligrosamente
que de no haber sabido llorar bien
junto a helechos minúsculos,
ahora tú y yo estaríamos
separados contentos, y mirándonos
en esas sensateces como espejos,

cuadradas y evidentes, que intentamos
entregarnos un día, al despedirnos.
Lo que nunca he podido averiguar
aunque he hecho muchos cálculos en láminas
de lagos, con las plumas de los cisnes
es el número
necesario de lágrimas
para poder pasar sin miedo alguno
donde queremos ir. Acaso baste
como bastó una tarde de noviembre,
que está en el álbum, poco más allá,
con que tus ojos tiemblen,
tiemblen, humedecidos, sin llorar.

Permíteme también que te recuerde
tu verde pitillera,
sus cigarrillos y la breve máquina
de plata en que trasmite
después de tantos siglos afanosos
su ambiciosa tarea Prometeo
a unos esbeltos dedos de mujer.
Quizá no sepas, joven todavía,
que el humo lleva siempre a alguna parte
donde se quiere estar
si se le pisa con los pies debidos.
Y que tú, a veces, cuando en los divanes
con que la tarde amuebla las ausencias,
tan sin bulto te tiendes como luz,
y das principio a un humo con tus labios,
te has quedado de pronto tan vacía
ya tan fuera de ti, que es necesario
suponer la existencia de algún puente
gris, azul, pero siempre caprichoso
por donde te encaminas hacia mí.
Por eso luego están los ceniceros
llenos de ruinas, como el recordar.
Y ya no quiero
cansarte más, el álbum
suele cansar. Te enseñaré, lo último,
la esfera de un reló, toda ella puentes.
Como pasamos juntos
un día entero sin pecado alguno,

ningún minuto nos separa ya.
Escoge, busca, entre las veinticuatro
crueles separadoras de los hombres,
una que no nos haya unido, una.
Busca
en las horas de invierno
cuando a las cuatro era de noche
y cantaban los tés en las teteras:
verás un puente, allí.
Busca en las horas de las vacaciones,
las matinales, en las cándidas auroras
que de puro blancor avergonzaron
a las tristes censuras de la noche
apagando su voz. Y nos encontrarás.
Escruta los rincones
más raros, en el tiempo;
las tres y cinco de la madrugada,
cuando se paran todos los rencores
ante dos cuerpos que enlazados duermen;
las doce, tan redondas, del estío,
las seis y veinte, la una y treinta y dos:
todas han sido puentes y conservan
las huellas que imprimimos, su gran honra.
Si por unas pasaste
toda hacia mí en los labios
sacrificándome tu cuerpo
para que se lograra lo inmortal,
por otras has cruzado,
sin sentirlo tú misma, cuando yo
velaba tu misterio adormecido.
Todas las horas fueron y vinieron
de ti a mí, de mí a ti.
Y cuando vayas por el mundo sola
y veas los relojes de estaciones
donde tanto se cuenta ir y venir,
o cuando tu muñeca se desciña
el recuerdo mejor que yo te di,
comprenderás que por cualquier hora
podemos encontrar lo que buscábamos:
el amor y las horas por venir.

No hay más estampas.
Cerremos la memoria.
Y cuando te despierte
y yo vuelva a colocar los ojos
allí, donde ellos me enseñaron a mirar,
te hablaré en voz muy baja de otro puente,
por si acaso tú quieres.
Porque queda otro y otro y otro, aún.

VOLVERSE SOMBRA

Estoy triste esta noche
porque soy lo que soy, como los árboles
que esclavizados a su tronco sufren
tanto a los lados de las carreteras
por esas pobres vidas
que podrían matar, si hay algún choque.
Estoy tan triste porque soy un hombre,
porque el hombre hace daño,
hace daño, hace daño.
Y eso sólo se sabe
en las noches de enero como ésta,
en que la nieve quita
todas sus ilusiones al futuro,
y el mundo ya sin labios
parece todo blanco, una conciencia,
que grita fríamente esa luz cruda
que nos callamos tantos años
con la complicidad de muchos besos.

Un pájaro enjaulado me lo dijo:
el daño que hace el hombre a tantos pájaros
porque su canto es dulce
se llama jaula.

Una lámina triste de agua inmóvil
me lo dijo:
el daño que hace el hombre al agua,
orgía de sí misma, bailarina de oficio,
es pararla.

Entre cuatro paredes
le corta su destino y por las tardes
acude a los jardines
a hablar con sus amigas
de tanta pobre muerta allí extendida
con los ojos abiertos: los estanques.

Y el daño que hace el hombre
a los seres más tiernos
que nos arrancan siempre lágrimas
porque los vemos,
tan sólo con mirarlos a los ojos
—igual que a las gacelas y a las diosas—
a ellos y a su destino al mismo tiempo
está en enamorarse. Se llama amor.

Como la nieve es el confesionario
en donde la blancura,
esa indulgencia triste nos escucha
la noche entera, voy a confesarme:
nunca le robé al aire
un vuelo, ni su cántico;
no he hecho daño a las aves.
Nunca metí una mano en un arroyo
por no romperle su querencia al agua.
Pero a ti te he hecho daño, te he querido.
Tu hermosura empezó, yo hice lo otro:
el gran daño de amarte
que tú constantemente me perdonas.

Yo te he hecho daño. Tengo manos, míralas.
Cuando se quiere con los brazos,
sus músculos fatales,
con las manos, y sus dedos duros y sus uñas,
las estrellas más cándidas se asustan:
ya no hay jazmín seguro en los jardines,
ni seno a salvo en pecho de doncella.
Mis manos y mis brazos te han querido.
¡Cuántas veces mis manos
se quedaron tranquilas, en paz, puras,
saciadas de su sed por lo infinito,
tan sólo acariciándote las alas
que disimulan ciertas formas tuyas!
Y fueron ya manos felices, sí, manos felices
por tu gran parecido con la luna
cuando está llena y se la ve que tiene
un matiz sonrosado, el de tu carne.

Tengo unos labios. Mira. Yo recuerdo
que antes de conocerte,
es decir cuando Dios
no había separado todavía
la tierra de los mares,
tú andabas por tus labios,
yo por los míos, como si anduviéramos
por dos caminos diferentes.
Despacio yo, como indeciso día
que no renuncia a sol, a nube o viento,
sin saber lo que quiere, hasta que al fin
la noche le decide a la negrura.
De prisa tú, saltando, tan derecha
como un aliento, que jamás vacila
porque hay que respirar. (Lo que vacila
está en el pecho, sí, pero a otro lado.)
Hasta que un día en que el azul estío
pareció no tener más herederos,
tus labios se olvidaron que eran tuyos
exactamente en ese punto mismo
del espacio y del tiempo
en que dejé por siempre de acordarme
de que los míos eran míos.
Desde entonces
no son míos ni tuyos, son ya nuestros:
y no hay para nosotros
más que un camino: el beso
que empezó aquella tarde y que termina
en una duda de si termina.
Perdóname en los labios,
si es que me has perdonado ya en las manos.
Y yo tengo un amor. Sí, míralo:
si traes los ojos con que yo te amo
y si las condiciones atmosféricas
permiten distinguir rayos de rayos,
a los cinco minutos de estar juntos
acaso puedas verle
cerrándote muy bien todos los huecos
del alma por donde entran
recuerdos de mazurcas y de valses:
porque el amor que yo te ofrezco es
como una oscuridad al principio y exige

cerrar el paso a tantas luces fáciles
para encontrar la suya, en las entrañas.
Tengo, tuve un amor. Y eso no es culpa
tuya, ni mía ni de nadie.
¿A quién podría echársele
la culpa de la sangre
por las venas oscuras o de esa
palabra que inventamos entre sueños?
Y como no hay amor ni ave que puedan
estar de vuelo siempre,
y toda ala de querer o pájaro
necesita posarse, te hice sufrir.
Por la misma razón que muchos pájaros
hacen sufrir a alguna rama,
mi amor se fue a posar en una fecha
que por curioso azar, tan inocente
como es el sino de la golondrina,
fue la misma en que tú
pusiste entre mis ojos y tu alma
la forma con que el mundo te distingue
de entre todas las otras fantasías
que quieren parecerse a ti, y fracasan.
Y por eso empezó el terrible daño
que hacen las manos y los labios
sobre todo las almas, cuando piden
amor y amor, a un día y a otro día:
necesitadas almas, como ojos
que al abrirse, mañana tras mañana
si no está allí la luz lloran de pena.
Ese daño que abril hace sufrir
a los jardines por la sed que tiene
de encontrar otra rosa entre las rosas.
Conocido dolor
que tanto nos fatiga
cuando ya son las once
y se quiere dormir en paz, tranquilos,
aunque sea en almohadas vacías
que no autorizan a esperar la aurora
tan confiadamente
como cuando se duerme
en la marea alta de algún pecho.
Perdóname en mi alma que te quiso,

si ya me perdonaste manos, labios.
Y ahora, después de confesarla tanto
he cogido la nieve
y la he visto morir, de mi calor
la prematura muerte que a la nieve
salva de la desgracia. Pero antes
al borde ya de su asunción al agua,
me dio un consejo y tengo que seguirle,
porque es de agonizante, es decir claro:
volverme sombra.

Volverse sombra es dulce para todos
los que han llorado por quererse tanto
al borde de un arroyo o en un coche.
Es dulce para el cuerpo suicida
que se deshace porque nazca ella.
Las manos de la sombra
pueden llamarse así, manos, tan sólo
porque acarician
con el tacto sin daño que jamás
aprendieron las manos corporales.
Las almas de las sombras
lo único ya que piden a lo amado
es irlo acompañando
tan delicadamente
que ya no duele nunca
estar solo o no estarlo,
y es porque no se sabe si lo estamos.
Su claro privilegio
es romper soledades en los labios
con que el amor las quiebra, nuevo beso.
Volverme sombra, sí,
porque la sombra no hace nunca daño.
O hace ese daño apenas perceptible,
hermano en su dulzura de los céfiros,
recordar, recordar sombras de sombras,
echar de menos lo que hacía daño,
y amar el dolor que nos hicimos,
y que ahora ya se llama de otro modo.
Y por eso no llores, si algún día
a la hora de la cita a que acudimos
con la puntualidad de lo astronómico,

en esa calle tan dorada siempre
por el derroche de oro del anuncio,
sientes, en vez del beso,
una aparente soledad y el trémulo
saludo que inclinándose
hacen las sombras por el aire
a aquello que han amado antes de serlo.

[DE ENTRE TODAS LAS COSAS VERTICALES]

De entre todas las cosas verticales
en que el mundo revela
su parecido con la llama, anhelo
de vivir hacia arriba o no vivir,
lo que yo ahora te ofrezco a la memoria
no son los delicados rascacielos
con túnicas a cuadros,
de luz y sombra, por la noche, coro
de lánguidos y esbeltos Arlequines
en el aire ambicioso de Manhattan.
No son las almas de pasadas ninfas
que a su inmortalidad han ascendido,
por fin, en los jardines disfrazándose
de surtidores, y que en estos cuerpos
nuevos y de cristal, ya traspasaron
las leyes de la carne y su fatiga
y eternizan la danza contra el tiempo
dando envidia a las flores que se cansan.
No las metálicas escalas
por donde suben bajo cascos épicos
los caprichos, vestidos de bomberos,
a salvar en el piso veinticuatro
de la más alta casa de muñecas
a algún alma cansada,
que se ha quedado allí
dormida por descuido, y sin salida.
Ni es la palmera, ni es
la verticalidad que más nos duele,
la de estar solos, solos, solos, solos.
Rectos como los faros, apagados.
Porque la soledad es la absoluta,
vertical, ya sin luz, sin hojas, de este mundo.
No. Lo que te recuerdo
son dos voces. Dos voces, una noche,
de dos seres tendidos,
allí, en la misma cama.
Y hablaron: y sus cuerpos,
los derribados troncos

de donde ellas nacían,
seguían boca arriba, separados,
sin volverse uno a otro,
por no alterar la vertical pureza
de su paralelismo por el aire
oscuro de las tres de la mañana.
Se hablaban, sin mirarse,
como si aún estuvieran
inmensamente aparte, distanciados.
Los ojos esperaban,
ya todos preparados a su gozo,
si una luz encendía alguna mano:
mas nadie la encendió, los dos siguieron,
prefiriendo no verse.
Los labios y los brazos
en el umbral temblaban
del hermoso camino violento
que el cuerpo sigue tantas veces.
Y ninguno besó. La forma última
del amor, esa noche
era estarse muy quietos, en lo oscuro,
para fingir que ya tan sólo
dos limpias voces, puras, paralelas,
quedaban de sus vidas, de sus ansias.
Habitantes, por fin, del paraíso
donde sin pena o condición de carne,
de color o de nombre, de fecha o de sollozo,
las voces verticales
de los que tanto amaron torpemente,
echados, sobre el mundo,
puestas en pie, derechas
igual que llamas de su propia lumbre
traspasan las mortales fronteras
que de sí mismas arden, silenciosas,
se dicen lo que tienen que decirse
sin encender las luces de sus cuerpos.

[¡CUANTAS VECES TE HAS VUELTO!]

¡Cuántas veces te has vuelto!
Recuerdo que una noche te pusiste
de espaldas a mí, como si me olvidaras.
¿Es la espalda el olvido?
Tu espalda, ancha, espaciosa
era un olvido
por donde mi recuerdo iba buscando
delicias de tu cuerpo frente a frente,
como otras veces me lo diste;
igual que la mirada
se pasea tristísima
de lucero en lucero,
por las estrellas de la noche, de esa
gran espalda, la noche,
del gran cuerpo del mundo, luz y día.
Me faltaba
la luz total, tu frente, tú de frente,
pero mis ojos
por el ámbito quieto de tu espalda
encontraban las señas milagrosas
del otro lado, sí, los restos de tu luz.
Y a esa luz de tu luna, de tu dorso,
del resplandor de ti que aún me quedaba,
supe esperar a que volviese el día:
de un reflejo viví de lo vivido.
Te volviste por fin, al despertar.

¡Cuántas veces me has dado
la espalda más terrible, que es la ausencia!
¿Por qué no despedirse
de frente, sí, de frente,
ir paso a paso atrás, pero mirándose,
de modo que la última
imagen de nosotros fuera siempre
la de unos ojos que aunque ya no ven
siguen mirando siempre a lo que quieren?
Una mirada
que traspasase vanas apariencias:

paredes, seres, cielos, años,
que esa casualidad llamada vida
se encapricha en poner
entre los dos destinos
que llevan nuestras iniciales.
Dos seres no se apartan
más que cuando engañados:
porque ya no se ven
se creen que están solos
y dejan de mirarse,
sin tomar la lección del mar y el cielo,
que vencen sus distancias contemplándose.
Si tú te equivocaste alguna noche
bailando con algunas realidades
tan sólo porque estaban a tu lado
es por no serme fiel con la mirada.
Yo estaba allí.
Ninguna soledad me dolió tanto
como esta de los ojos sin respuesta.

Y también el silencio es una espalda.
¡Cuántas veces he estado
esperando tu voz, como esperando
un movimiento de tu ser entero,
un volverte total hacia mi alma!
Hablar siempre es volverse.
Si tu voz viene a mí
es que tu cara está frente a mi cara.
Al hablarnos nos vemos. El silencio
por inmenso que sea se quebranta
echando en él un nombre de persona;
lo mismo que una vasta
superficie de agua vibra toda
y cambia su dureza cristalina
por un temblor de pecho palpitante,
respiración concéntrica de ondas,
si alguien en ella arroja
una piedra, y su peso, como un nombre.
Una palabra puede
salvarlo todo si se la echa allí
en el agua del alma que la espera.
Una noche yo mismo,

por darme tú la espalda del silencio,
me sentí vidrio, hielo,
sin hondura detrás, y yo vacío,
que iba a hacerse pedazos
en cuanto lo tocara algún azar.
Y de pronto tu voz, tu voz cayendo
en el centro de mí
me hizo sentir la vida
como un crecer de amor y amor y amor
dentro de amor, en infinitas ondas
que llenaron mi ser hasta los bordes
donde se acaba el ser y empieza el mundo.
Es porque te volviste, con tu voz.

Siempre te volverás; es tu promesa.
Y aunque un día
no me hables, ni me mires, ni estés cerca,
aunque parezca que no existes ya,
esperaré que vuelvas, que te vuelvas.
Por ti creo
en la vida que está siempre queriendo
volverse hacia sí misma, hacia la vida.
Por ti creo
en la resurrección, más que en la muerte.

[PAZ, SÍ, DE PRONTO, PAZ]

Paz, sí, de pronto, paz.
Cuando no la esperaba.
El cielo está ya quieto:
de la tierra ha venido
la paz celeste. Sube
el azul de la tierra
siempre que allí dos almas
se sienten en azul.
Las nubes, las estrellas,
la radiante unidad
celestial, las conquistan
por la tierra, las almas.
Ya no hay viento, no hay ondas
que atormenten el agua
e impidan que veamos
nuestro rostro tranquilo.
Ya me acerco a mí mismo,
en el agua serena.
Una voz ha creado
mi buen reflejo en mí.
Me miro, puedo verme.
Una voz me inventó
esa forma sin lucha
que estoy viendo, soy yo.
Hago treguas conmigo,
me reconozco, acepto
los límites que herían.
El mundo está divina-
mente quieto. Ahora reinan
transparencias en todo.
La materia ha perdido
esa opacidad triste
que la hacía materia.
Las luces de las almas
ya no tienen obstáculos
y la vida es cristal
por donde la esperanza
pasa, sin resistencia,

camino de su alba.
Los pájaros encuentran
el aire más sutil.
Los raudales del agua
corren doble que antes,
sin más esfuerzo que antes.
Es ya siempre de día,
y si vuelve la noche
parecerá la víspera
del día que la sigue.
Me toco el rostro, siento
su realidad de carne
como si fuera el rostro
que quería mi alma.
Los dolores antiguos
eran caretas. Ahora
mi cara es paz, mis manos
para la paz se abren.
El alma dividida
por fin se unió a sí misma
uniéndose a otra alma.
Ésa es la paz. La paz
sólo se hace entre dos.
Entre dos que luchaban
por vencerse uno al otro,
y que al fin comprendieron
que la victoria siempre
deja atrás un cadáver
de algo que se quería.
Vencer es separarse,
ser dos, el vencedor,
el vencido. Y no hay más
paz, unidad, victoria
sin muerte, que entregarse
las armas enconadas
con que nos defendíamos
y ser uno, en la paz,
dándose las victorias
que antes nos separaban.

[HORA DE LA CITA]

¿La ves? ¿Ves esa hora
escogida en el tiempo? ¿Ves esa hora
escogida en el tiempo
futuro? Tres y media.
¡Qué maravilla, encuentro!
Todo, tus pies, tus manos,
sirviendo a tu querer,
hacia mí te encamina.
Somos como dos líneas
fatalmente llamadas
a converger en una
hora favorecida.
Cuando la línea tuya,
cuando la línea mía,
dejen de correr solas
la intersección será
dos bocas que se tocan,
dos almas que se encuentran,
dos vidas que se miran.
¡Qué destino tan recto!
Hay curvas en la vía
del tren. Las carreteras
dan rodeos, parece
que de su fin se alejan,
un momento, jugando.
Pero por los caminos
dos voluntades van,
dos almas van, derechas,
ordenándolo todo:
no nos llevan las rutas,
nosotros, nuestro anhelo,
es quien las lleva a ellas.
Ya no hay quien nos separe.
Lo mismo que en abril
cada mañana acerca
a su rosal la rosa,
lo mismo que a la tarde
cada palmo de sombra

en el suelo alargándose
fatalmente aproxima
a su cielo la estrella,
los minutos que pasan
por todas las esferas
nos empujan, seguros,
un cuerpo hacia otro cuerpo.
Ya no vivimos, no,
en la tierra. Vivimos
como la gota de agua
en el caudal del río,
rumbo a la confluencia.
El tiempo es nuestro, nuestro.
Nuestro dueño es esclavo,
y él, que nos separaba
cuando nos despedíamos
sopla ahora nuestras velas,
nuestras almas tendidas.
No somos ya nosotros:
somos el tiempo. Todo
minuto que transcurre
hacia las tres y media
es igual que un latido
de nuestro corazón,
latido de querencia.
El tiempo que circula
por las venas del mundo
y la sangre que corre
aquí, por nuestras venas
quieren lo mismo, ya:
acercarnos, juntarnos.
No hay que luchar; dejarse
arrastrar dulcemente
por las ondas suaves
—segundo tras segundo—
de una ausencia que pronto
acabará en presencia.
Voy, vienes, vienes tú,
voy yo. Verbos dulcísimos
que dentro de un momento
como el sol y la nieve
se juntarán soltando

el raudal jubiloso.
Nuestro encuentro es fatal.
Tendría que acabarse
el mundo, un cataclismo
de cielos y caminos
se necesitaría
para que no se logre,
entre torrentes de alba,
entre extremos de cántico,
la gloria de la cita.
Lo quieres tú, lo quiero
yo. Y delante de dos
voluntades magníficas
bellas como los astros,
como el mar o las bestias
divinas y animales
donde todo funciona,
los músculos y el alma,
hacia su reunión,
¿el mundo qué va a hacer
sino matar sus furias,
soltar ángel y arcángel,
y reducirse todo,
ahora, a las tres y media,
a campo del encuentro,
a puro paraíso,
donde otra vez empiece
entre tú y yo, la historia
inocente, la vida?

[SI TE ESPERO SIEMPRE]

Si te espero siempre
¿Por qué eres sorpresa?
Si estoy como el árbol,
esperando al pájaro,
—mensajero alto—
con todas las ramas
del ardor tendidas,
¿Por qué, como el árbol,
tiemblo cuando llegas?
¿Y por qué me pasma
la insólita vuelta
de lo repetido,
del invierno claro
detrás del otoño,
del estío inédito
tras la primavera?
La vuelta... ¿fatal?
¿Sin querer nosotros?
No, no. La queremos:
tras de su antifaz
de don a la fuerza,
se le ve su rostro,
libertad suprema.
Si te estoy pidiendo,
igual que se piden
la luz y el reflejo
¿por qué, si me miras
me asombro
de ver que mi alma
devuelve a tus ojos
tu misma belleza?
Te conozco, sí,
como se conocen
el fuego y los números.
Pero al verte siempre
parece que dejas de ser
por primera vez
la desconocida.

Mi ser está lleno
de infinitas sendas
que han hecho tus pasos
de andar en mí tanto.
Tengo
la vida sembrada
de huellas, las huellas
sólo de tus plantas.
Entonces, ¿por qué
cuando tú me andas
a besos, a sueños,
por esos senderos,
por qué me parece
que el alma se estrena?
Todo me lo das;
y todo te queda.
Siento los tesoros
que tú has puesto en mí
igual que se siente
la edad de la vida
dentro de las venas:
siento mi riqueza.
Entonces
¿por qué al darme algo
no parece más,
y tiemblo de gozo
como tiembla el alma
al ver que la suerte
se inclina, se inclina,
y le da la dulce
dádiva primera?

EL CONTEMPLADO

Tema

De mirarte tanto y tanto,
del horizonte a la arena,
despacio,
del caracol al celaje,
brillo a brillo, pasmo a pasmo,
te he dado nombre; los ojos
te lo encontraron, mirándote.
Por las noches,
soñando que te miraba,
al abrigo de los párpados
maduró, sin yo saberlo,
este nombre tan redondo
que hoy me descendió a los labios.
Y lo dicen asombrados
de lo tarde que lo dicen.
¡Si era fatal el llamártelo!
¡Si antes de la voz, ya estaba
en el silencio tan claro!
¡Si tú has sido para mí,
desde el día
que mis ojos te estrenaron,
el contemplado, el constante
Contemplado!

VARIACIÓN I
Azules

Variaciones que enseñaban
en la escuela: Egeo, Atlántico,
Índico, Caribe, Mármara,
mar de la Sonda, mar Blanco.
Todos sois uno a mis ojos:
el azul del Contemplado.
En los atlas,
un azul te finge, falso.
Pero a mí no me engañó
ese engaño.
Te busqué el azul verdad;
un ángel, azul celeste,
me llevaba de la mano.
Y allí en tu azul te encontré
jugando con tus azules,
a encenderlos, a apagarlos.
¿Eras como te pensaba?
Más azul. Se queda pálido
el color del pensamiento
frente al que miran los ojos,
en más azul extasiados.
Eres lo que queda, azul;
lo que sirve
de fondo a todos los pasos,
que da lo que pasa, olas,
espumas, vidas y pájaros,
velas que vienen y van.
Pasa lo blanco, mortal.
Y tú estás siempre llenando,
como llena un alma un cuerpo,
las formas de tus espacios.
Cada vez que fui en tu busca,
allí te encontré, en tu gloria,
la que nunca me ha fallado.
Tu azul por azul se explica:
color azul, paraíso;
y mirarte a ti, mirarlo.

VARIACIÓN III

Dulcenombre

Desde que te llamo así,
por mi nombre,
ya nunca me eres extraño.
Infinitamente ajeno,
remoto tú, hasta en la playa
—que te acercas, alejándote
apenas llegas—, tú eres
absoluto entimismado.

Pero tengo aquí en el alma
tu nombre, mío. Es el cabo
de una invisible cadena
que se termina en tu indómita
belleza de desmandado.
Te liga a mí, aunque no quieras.
Si te nombro, soy tu amo
de un segundo. ¡Qué milagro!
Tus desazones de espuma
abandonan sus caballos
de verdes grupas ligeras,
se amansan, cuando te llamo
lo que me eres: Contemplado.
Obra, sutil, el encanto
divino del cristianar.
Y aquí en este nombre rompe
mansamente tu arrebato,
aquí, en sus letras —arenas—,
como en playa que te hago.
Tú no sabes, solitario
—sacramento del nombrar—,
cuando te nombro,
todo lo cerca que estamos.

VARIACIÓN VII

«Las ínsulas extrañas»

¡Felices inmortales!
¡Las islas, qué felices son las islas!
Altas cunas, los riscos. ¡Bien nacidas!
Torva guardia les hacen soledades,
ventarros, nubes grises. Niñas, cimas.
En luz, en aire tibio, en aves, sueñan,
las, del mundo de abajo, maravillas.
Suavemente se escapan, encubiertas
con manto de pinar. Bajan sin prisa
en sosegadas curvas, verdeciéndose,
peldaños erigiéndose, colinas.
Cuando tocan al valle todo es claro:
empiezan a sentirse sus delicias,
mil pájaros, cien chopos, un arroyo;
espejo, en él se encuentran, sorprendidas.
Estas frondas, sus paces, tantas aves
y sus cantos ¿son ellas, ellas mismas?
¡Felicidad! Lo que empezó en roquedos
ahora tierra es, pradera florecida.
Estrenan, encantadas, sus bellezas,
Venus verdes, tendiéndose en la umbría;
menea un airecillo sus cabellos,
herbazal, juncos, altas margaritas.
Breve sueño feliz. Aún queda el último
por descubrir, prodigio: es la marina.
Se detienen las islas, asombradas,
al llegar a los bordes de su vida.
¿Qué tierra es ésta, suya, y toda nueva?
De oro parece, dócil, suavísima
al pensar que la piensa, al pie desnudo
que la pisa, a los ojos que la miran.
Intacta. Virginal. Arena. ¡Playas!
Fronteras del asombro. Empieza aquí
un mundo sin otoño y sin ceniza.
Refulgen gozos, júbilos destellan.
No hay soledad, es todo compañía.

Ola tras ola sigue a ola tras ola,
persigue espuma a espuma fugitiva,
dádivas sobre dádivas ofrecen
felicidades siempre repetidas.
Todo, alegre, se rinde, cielo, espacio:
¡imposible escapar a tanta dicha!
Esa blancura alzada ¿es de la espuma
o aleteo de ángeles que invitan?
Invitan, sí, a las islas —son sus ángeles—,
a dejarse su tierra en las orillas,
a un porvenir de azules —paraísos—,
a vida, allí, sin piedra y sin espina,
en canto, en salto, en albas hermandades,
bajo el cielo del mar, gloria infinita.
Si la tierra se acaba algo se empieza;
las olas que sin pausa se lo afirman,
angélicas sirenas, les convencen.
Y ellas arena abajo se deslizan.
Los ojos se equivocan en las playas:
se figuran que así mueren las islas.
Fingida muerte es. Van a su cielo:
su cielo el mar, que azul, cielo duplica.
Innumerables gracias por el agua
señas son de las gracias sumergidas.
Si ya no quedan hojas en sus álamos
¿no son hojas las ondas que rebrillan?
El canto de los pájaros que fueron
las olas en susurro lo terminan.
De pluma puede ser, que vuela abajo
ese blancor de espuma estremecida.
Por el haz de lo azul, cuando el sol sale
se abre, refleja, primavera vívida;
flores son marchitadas en los prados,
que ahora al mar se le vuelven alegrías.
Y ese verdor que el agua transparenta
es de Arcadia que abajo se eterniza:
en los hondos del mar viven, salvadas,
almas verdes, las almas de las islas.

VARIACIÓN VIII

Renacimiento de Venus

Donde estuvo la nube ya no hay nube;
los ojos, que la piensan.

Absoluto celeste, azul unánime
sin ave, sin su anécdota.

Al célico sosiego otro marino
sosiego le contesta.

Las últimas congojas de la ola
playa se las consuela.

Tanto sollozo en leve espuma acaba,
y la espuma en la arena.

Le basta un color solo a tanto espacio,
sin vela que disienta.

El mar va por el mar buscando azules
y a un azul los eleva.

Está el día en el fiel. La luz, la sombra
ni más ni menos pesan.

Dentro del hombre ni esperanza empuja
ni memoria sujeta.

El presente, que tanto se ha negado,
hoy, aquí, ya, se entrega.

¡Presente, sí, hay presente! Ojos absortos
felices le contemplan.

El tiempo abjura de su error, las horas,
y pasa sin saberlas.

Aves, ondinas, callan, y de voces
vacío el aire dejan.

La dilatada anchura del silencio
de silencio se llena.

Es el vivir tan tenue, que no ata;
la cautiva se suelta.

Por las campiñas, ya, del puro ser
viene, va, se recrea.

Está el mundo tan limpio, que es espejo:
la escapada lo estrena.

Radiante mediodía. En él, el alma
se reconoce: esencia.

Segunda, y la mejor, surge del mar
la Venus verdadera.

VARIACIÓN XI

El poeta

Hoy te he visto amanecer
tan serenamente espejo,
tan listo de bienestar,
tan acorde con tu techo,
como si estuvieses ya
en tu sumo, en lo perfecto.
A tal azul alcanzaste
que te llenan de aleteos
ángeles equivocados.
Y el cielo,
el que te han puesto los siglos
desde el día que naciste
por cotidiano maestro,
y te da lección de auroras,
de primaveras, de inviernos,
de pájaros —con las sombras
que te presta de sus vuelos—,
al verte tan celestial
es feliz: otra vez sois
inseparables iguales,
como erais a lo primero.

Pero tú nunca te quedas
arrobado en lo que has hecho;
apenas lo hiciste y ya
te vuelves a lo hacedero.
¿No es esta mañana, henchida
de su hermosura, el extremo
de ti mismo, la plenaria
realización de tu sueño?
No. Subido en esta cima
ves otro primor, más lejos:
te llama una mejoría
desde tu posible inmenso.
El más que en el alma tienes
nunca te deja estar quieto,

y te mueves
como la tabla del pecho:
hay algo que te lo pide
desde adentro.
Por la piel azul te corren
undosos presentimientos,
las finas plumas del aire
ya te cubren de diseños,
en las puntas de las olas
se te alumbran los intentos.
Ocurrencias son fugaces
las chispas, los cabrilleos.
Curvas, más curvas, se inician,
dibujantes de tu anhelo.
La luz, unidad del alba,
se multiplica en destellos,
lo que fue calma es fervor
de innúmeros espejeos
que sobre la faz del agua
anuncian tu encendimiento.
Una agitación creciente,
un festivo clamoreo
de relumbres, de fulgores
proclaman que estás queriendo;
no era aquella paz la última,
en su regazo algo nuevo
has pensado, más hermoso
y ante la orilla del hombre
ya te preparas a hacerlo.
De una perfección te escapas
alegremente a un proyecto
de más perfección. Las olas
—más, más, más, más— van diciendo
en la arena, monosílabas,
tu propósito al silencio.

Ya te pones a la obra,
convocas a tus obreros:
acuden desde tu hondura,
descienden del firmamento
—los horizontes los mandan—
a servirte los deseos.

Luces, sombras, son; celajes,
brisas, vientos;
el cristal es, es la espuma
surtidora
por el aire de arabescos,
son fugitivas centellas
rebotando en sus reflejos.
Todo lo que el mundo tiene
el día lo va trayendo
y te acarrean las horas
materiales sin estreno.
De las hojas de la orilla
vienen verdes abrileños,
y en el seno de las olas
todavía son más tiernos.
Llegan tibias por los ríos
las nieves de los roquedos.
Y hasta detrás de la luz,
veladamente secretos
aguardan, por si los quieres,
escuadrones de luceros.
En el gran taller del gozo
a los espacios abierto,
feliz, de idea en idea,
de cresta en cresta corriendo,
tan blanco como la espuma
trabaja tu pensamiento.
Con estrías de luz haces
maravillosos bosquejos,
deslumbradores rutilan
por el agua tus inventos.
Cada vez tu obra se acerca
ola a ola,
más y más a sus modelos.
¡Qué gozoso es tu quehacer,
qué apariencias de festejo!
Resplandeciente el afán,
alegrísimo el esfuerzo,
la lucha no se te nota.
Velando está en puro juego
ese ardoroso buscar
la plenitud del acierto.

¡El acierto! ¿Vendrá? ¡Sí!
La fe te lo está trayendo
con que tú lo buscas. Sí.
Vendrá cuando al universo
se le aclare la razón
final de tu movimiento:
no moverse, mediodía
sin tarde, la luz en paz,
renuncia del tiempo al tiempo.
La plena consumación
—al amor, igual, igual—
de tanto ardor en sosiego.

VARIACIÓN XIII

Presagio

Esta tarde, frente a ti,
en los ojos siento algo
que te mira y no soy yo.
¡Qué antigua es esta mirada,
en mi presente mirando!
Hay algo, en mi cuerpo, otro.
Viene de un tiempo lejano.
Es una querencia, un ansia
de volver a ver, a verte,
de seguirte contemplando.
Como la mía, y no mía.
Me reconozco y la extraño.
¿Vivo en ella, o ella en mí?
Poseído voluntario
de esta fuerza que me invade,
mayor soy, porque me siento
yo mismo, y enajenado.

VARIACIÓN XIV

Salvación por la luz

Los que ya no te ven sueñan en verte
desde sus soterrados soñaderos
—lindes de tierra por los cuatro lados,
cuna del esqueleto—.
Sed tienen, no en las bocas, ni de agua;
sed de visiones, esas que tu cielo
proyecta —azules tenues— en su frente,
y tú realizas en azul perfecto.
Este afán de mirar es más que mío.
Callado empuje, se le siente, ajeno,
subir desde tinieblas seculares.
Viene a asomarse a estos
ojos con los que miro. ¡Qué sinfín
de muertos que te vieron
me piden la mirada, para verte!
Al cedérsela gano:
soy mucho más cuando me quiero menos.
Que estos ojos les valgan
a los pobres de luz. No soy su dueño.
¿Por cuánto tiempo —herencia— me los fían?
¿Son más que un miradero
que un cuerpo de hoy ofrece a almas de antes?
Siento a mis padres, siento que su empeño
de no cegar jamás,
es lo que bautizaron con mi nombre.
Soy yo. Y ahora no ven, pero les quedo
para salvar su sombra de la sombra.
Que por mis ojos, suyos, miren ellos:
y todos mis hermanos anteriores,
sepultos por los siglos,
ciegos de muerte: vista les devuelvo.

¡En este hoy mío, cuánto ayer se vive!
Ya somos todos unos en mis ojos,
poblados de antiquísimos regresos.
¡Qué paz, así! Saber que son los hombres,

un mirar que te mira,
con ojos siempre abiertos,
velándote: si un alma se les marcha
nuevas almas acuden a sus cercos.
Ahora, aquí, frente a ti, todo arrobado,
aprendo lo que soy: soy un momento
de esa larga mirada que te ojea,
desde ayer, desde hoy, desde mañana,
paralela del tiempo.
En mis ojos, los últimos,
arde intacto el afán de los primeros,
herencia inagotable, afán sin término.
Posado en mí está ahora; va de paso.
Cuando de mí se vuele, allá en mis hijos
—la rama temblorosa que le tiendo—
hará posada. Y en sus ojos, míos,
ya nunca aquí, y aquí, seguiré viéndote.
Una mirada queda, si pasamos.
¡Que ella, la fidelísima, contemple
tu perdurar, oh Contemplado eterno!
Por venir a mirarla, día a día,
embeleso a embeleso,
tal vez tu eternidad,
vuelta luz, por los ojos se nos entre.

Y de tanto mirarte, nos salvemos.

TODO MÁS CLARO

Hacia una luz mis penas se consumen.

Jorge Guillén

(Camino del poema)

I

Las cosas

Al principio, ¡qué sencillo,
allí delante, qué claro!
No era nada, era una rosa
haciendo feliz a un tallo,
un pájaro que va y viene
soñando que él es un pájaro,
una piedra, lenta flor
que le ha costado a esta tierra
un esmero de mil años.
¡Qué fácil, todo al alcance!
¡Si ya no hay más que tomarlo!
Las manos, las inocentes
acuden siempre al engaño.
No van lejos, sólo van
hasta donde alcanza el tacto.
Rosa la que ellas arranquen
no se queda, está de paso.
Cosecheras de apariencias
no saben que cada una
está celando un arcano.
Hermosos, sí, los sentidos,
pero no llegan a tanto.

Hay otra cosa mejor,
hay un algo,
un puro querer cerniéndose
por aires ya sobrehumanos
—galán de lo que se esconde—,
que puede más, y más alto.

Un algo que inicia ya,
muy misterioso, el trabajo
de coger su flor al mundo
—alquimia, birlibirloque—
para siempre, y sin tocarlo.

II

EN ANSIAS INFLAMADA

¡Tinieblas, más tinieblas!
Sólo claro el afán.
No hay más luz que la luz
que se quiere, el final.
Nubes y nubes llegan
creciendo oscuridad.
Lo azul, allí, radiante,
estaba, ya no está.
Se marchó de los ojos,
vive sólo en la fe
de un azul que hay detrás.
Avanzar en tinieblas,
claridades buscar
a ciegas. ¡Qué difícil!
Pero el hallazgo, así,
valdría mucho más.
¿Será hoy, mañana, nunca?
¿Seré yo el que la encuentre,
o ella me encontrará?
¿Nos buscamos, o busca
sólo mi soledad?
Retumban las preguntas
y los ecos contestan:
«azar, azar, azar».
¡Y ya no hay arredrarse:
ya es donación la vida,
es entrega total
a la busca del signo
que la flor ni la piedra
nos quieren entregar!
¡Tensión del ser completo!
¡Totalidad! Igual

al gran amor en colmo
buscando claridad
a través del misterio
nunca bastante claro,
por desnudo que esté,
de la carne mortal.

III

VERBO

¿De dónde, de dónde acuden
huestes calladas,
a ofrecerme sus poderes,
santas palabras?
Como el arco de los cielos
luces dispara
que en llegarme hasta los ojos
mil años tardan,
así bajan por los tiempos
las milenarias.
¡Cuántos millones de bocas
tienen pasadas!
En sus hermanados sones,
tenues alas,
viene el ayer hasta el hoy,
va hacia el mañana.
¡De qué lejos misteriosos
su vuelo arranca,
nortes, y sures y orientes,
luces romanas,
misteriosas selvas góticas,
cálida Arabia!
Desde sus tumbas, innúmeras
sombras calladas,
padres míos, madres mías,
a mí las mandan.
Cada día más hermosas,
por más usadas.
Se ennegrecen, se desdoran
oros y plata;
«hijo», «rosa», «mar», «estrella»,

nunca se gastan.
Bocas humildes de hombres,
por su labranza,
temblor de labios monjiles
en la plegaria,
voz del vigía gritando
—el de Triana—
que por fin se vuelve tierra
India soñada.
Hombres que siegan, mujeres
que el pan amasan,
aquel doncel de Toledo,
«corrientes aguas»,
aquel monje de la oscura
noche del alma,
y el que inventó a Dulcinea,
la de la Mancha.
Todos, un sol detrás de otro,
la vuelven clara,
y entre todos me la hicieron,
habla que habla,
soñando, sueña que sueña,
canta que canta.
Delante la tengo ahora,
toda tan ancha,
delante de mí ofrecida,
sin guardar nada,
onda tras onda rompiendo,
en mí —su playa—,
mar que llevó a todas partes,
mar castellana.
Si yo no encuentro el camino
mía es la falla;
toda canción está en ella,
isla ignorada,
esperando a que alguien sepa
cómo cantarla.

¡Quién hubiera tal ventura,
una mañana;
mi mañana de San Juan
—alta mi caza—

en la orilla de este mar,
quién la encontrara!

¿Qué hay allí en el horizonte?
¿Vela es, heráldica?
Una blancura indecisa
—puede ser ala—
hacia mi trémula espera
¿sueña o avanza?
Se acerca, y dentro se oyen
voces que llaman;
suenan —y son las de siempre—
a no estrenadas.
De entre tantas una sube,
una se alza,
y el alma la reconoce:
es la enviada.
Virgen radiante, el camino
que yo buscaba,
con tres fulgores, trisílaba,
ya me lo aclara;
a la aventura me entrego
que ella me manda.
Se inicia —ser o no ser—
la gran jugada:
en el papel amanece
una palabra.

IV

El poema

Y ahora, aquí está frente a mí.
Tantas luchas que ha costado,
tantos afanes en vela,
tantos bordes de fracaso
junto a este esplendor sereno
ya son nada, se olvidaron.
Él queda, y en él, el mundo,
la rosa, la piedra, el pájaro,
aquéllos, los del principio,
de este final asombrados.

¡Tan claros que se veían,
y aún se podía aclararlos!
Están mejor; una luz
que el sol no sabe, unos rayos
los iluminan, sin noche,
para siempre revelados.
Las claridades de ahora
lucen más que las de mayo.
Si allí estaban, ahora aquí;
a más transparencia alzados.
¡Qué naturales parecen,
qué sencillo el gran milagro!
En esta luz del poema,
todo,
desde el más nocturno beso
al cenital esplendor,
todo está mucho más claro.

HOMBRE EN LA ORILLA

I

Este río no es aquél:
corriente, a secas.
Álveo que ignora el agua.
¿Dónde en la orilla, la yerba,
dónde espumas cuando guijas,
dónde sombras que se bañan
descendiendo de los chopos?
Ruedas, sólo ruedas, ruedas.
Confuso caudal frenético,
su prisa nada refleja:
ni a esa nube ni a aquel pájaro
con ave o nube contesta.
Ni recuerdo de las nieves
desde su origen le alegra,
ni hay mar que le esté esperando
con la eternidad abierta.
Ruedas, prisas, prisas, ruedas.
Cada rueda hacia lo suyo:
todas saben dónde van.
Pero el caudal sabe más:
sabe que nunca se llega
cuando no hay dónde llegar.

El hombre, en la orilla, tiembla.
Ruedas primeras:

Mrs. Dorothy Morrison, rodando.
Va rodando, a este viernes, y a las cuatro.
Sus años treinta y siete, y su belleza...
La belleza se hace, adolescente,
se deshace, elegía, y se rehace
a las cuatro de un viernes, de cualquiera,
previa una cita con Madama Fárfula,
si sus manos tan doctas en misterios
evocan otra vez en las mejillas
primaveras dormidas, en reserva.

No hay duda, se rehace. (Rueda, rueda.)
Las cuatro menos tres. Pronto su cara
bajo glorias de luces fluorescentes
se volverá a nacer, de entre las olas.
(Parada en una esquina.) Los espejos
a coro le dirán que todo vuelve.
(A rodar otra vez.) Y aquel amigo
que ha vuelto de Suecia o de las nubes
acaso pueda ser el galán joven
de una de esas novelas que terminan
bien, muy bien —en Sorrento, miel y luna—,
después de tres semanas
de «se continuará». ¡Qué ilustraciones
en colores! Sí, sí, Madama Fárfula,
la todopoderosa. Más de prisa,
cuatro ruedas corriendo a lo inmediato
—fin del mundo—, a la vuelta de la esquina:
masajista facial, promesas, dicha,
esperando. ¡De prisa, hacia las cuatro,
las diez, las doce, las cien mil, sin cuenta,
horas, devueltas del pasado, una
por una a cada vuelta de las ruedas!

El hombre, en la orilla, tiembla.
Ruedas segundas:

Rueda, corriente abajo, guantes nuevos
en el volante, a salvar una vida.
Vida sutil, que por las blancas telas
sin bulto se desliza, al mismo tiempo
aquí y en los antípodas;
en su presencia ausente, sin que nadie
cuando la ve, la vea, ni se sepa
si está durmiendo, allí, cuando aquí danza.
(¡Alto! Parada.) ¡Qué milagro! Es ella.
La vista, distraída, se la encuentra,
tan plana, en un gran muro. La sonrisa
de metro y medio, en bermellón, se ofrece
a todos y al vacío. (Verde. ¡En marcha!)
«Ser feliz es muy fácil», canta el título
de su nueva película; hora y media
de sonreír; se gana cien mil dólares.

Pero ¿hay sonrisa, ni la más constante,
manantial de millones a la empresa,
que esté segura en este frágil cuerpo
que el asceta castiga y ella exalta?
De pronto, sin aviso,
rayos pueden finar a las estatuas;
donde menos se espere, por la ducha,
aguja cristalina de la muerte,
entre las frescas gotas, desde arriba.
¡La ducha es el peligro! (Más de prisa.)
Sí, llegará a salvarla, «El Fénix», el
embajador glorioso, Robert Freeman,
de un imperio que todo lo asegura,
con millones sin fin, y sucursales
en treinta y cinco lenguas, florecidas
a la sombra del pino y la palmera,
y huestes mecanógrafas que tocan
himnos contra la muerte en sus teclados.
(Otra parada. Frenos.) Ya está cerca
su casa. Tendrá muebles
modernos, y piscina, y un Matisse.
«Firme aquí, haga el favor.» Inolvidable
contacto, al ofrecer su pluma de oro,
con los dedos de un mito. En cuanto trace
la mano su conjuro, allí en la póliza
cláusulas se alzarán, cláusulas, cláusulas,
alabardas enhiestas, tan espesas,
rodeando a la princesa de lo ubicuo,
que a salvo quedará de todo riesgo
por la gracia de «El Fénix». (¡Adelante!)
¿Le pedirá el autógrafo? ¿Un retrato...?
Ya va a llegar. Sobre el futuro próximo,
su comisión, al cinco
por ciento, se insinúa
con más ternura que la luna nueva.

El hombre, en la orilla, tiembla.
Ruedas terceras:

Rodando, Jim, rodando,
sobre las dos estrías paralelas,
siente que a cada instante retrocede

la lección veinticinco hacia la nada.
¿Cómo creerse que el mundo
viene y va, dando vueltas, por los aires?
Lo cierto es que un columpio en un jardín
va y viene, y que le espera, bajo el árbol.
¿Por qué pesan los libros? ¿Es el álgebra?
¿Pesa la historia antigua, o las columnas
de nombres y más nombres en los índices?
Su jardín vale mucho más que el patio
de la escuela. ¡Qué olor, cuando ha llovido!
¿Por qué en los patios nunca hay caracoles?
Las cuatro van a ser en el reló
inmenso en que se anuncian los relojes.
(Parada. Calle diez. Sube más gente.)
En latín es difícil
decir cosas sencillas:
«caramelo de menta». No se puede.
Pero hay que hacerse un hombre. (Muchos hombres,
sobre estrías, rodando.) Se deslíe
palatal paraíso, azúcar, menta,
muy despacio en la boca. ¡Cuánto dura!
Un airecillo vuela. Hermoso, el aire.
¿Y ser aviador? Quizá. (Parada.)
Llevándose sus alas baja un ángel
que iba sentado cerca;
deja detrás perfume de algún cielo.
(«Suivez l'ange» de Coty. Muy caro.) Jim
se va al asiento que dejó vacío
para gozar mejor de su pasado.
¿Será felicidad esta soñera
que le acuna o mareo del aroma
que el ángel se olvidó? ¡Qué sacudida,
de pronto! Curva. No dormirse. Ya
se anuncia la inminencia de un jardín,
de un hombre, el que él será. Pero a ese hombre
se le espera despacio, en un columpio,
de vaivén a vaivén, igual que un fruto,
colgado sobre el fresco de la grama,
a la tarde, de vuelta de la escuela.
El hombre, en la orilla, tiembla.
¡Y que él sólo se dé cuenta
de que ese raudal que corre

de las prisas camineras,
lleva muertes y más muertes,
una en cada rueda!
¡Que haya gente que sonría
en la ceja de la cárcava,
allí al borde de su fin,
de la acera, que es su muerte,
si así lo quiere la dueña,
con su rueda, de las ruedas!
Y en el mundo sólo él,
este hombre que tiembla,
siente por la vez primera
junto al terror más antiguo,
el pánico de las selvas,
y al espanto del milenio,
y al horror frío que asciende
del microscopio y su hallazgo,
más terror, otro terror,
esta pavidez, tan nueva
que le tiene aquí, clavado
en el borde
de ella, la terrible acera.

II

Ésta es la orilla. De piedra.
Geométrica. Ni égloga,
ni remanso.
De pie, quieto, el hombre tiembla.
Tiembla de nada;
no le pasa nada más
que eso, que estar en la orilla.
Pero ¿hay, Señor, para el hombre
angustia, trance mayor
que eso, que sentirse al borde,
al borde de… qué? Es igual,
hace temblar cualquier linde;
pasarle será salirse
de alguna parte, dejar…
(¿Salirse, dejar? ¿Quién sabe?
Tanto salir como entrar.)
El borde es siempre temblor

porque está entre dos.
¿Entre dos qué? Da lo mismo.
Playa, adolescencia, igual.
Por eso hay un hombre, quieto,
con tiesura de sibila,
que aguarda la profecía,
inmóvil, entre dos pasos:
aquel último que dio
para venir a pararse,
y el otro, ese que dará...
Si lo da, si no se queda
frío, en su inmovilidad
igual que el agua en su hielo.
Para siempre
muerto, gravemente en pie,
por no querer
dar el paso que le saque
de este borde donde está.
Entre dos está. ¡Otro más!
Así
por su nórdico castillo
el vagoroso doncel,
arriba y abajo, entre
un ser y un no ser, de luto.
Y en su puente el genovés,
y en Koenigsberga el filósofo,
¿al final, qué les espera,
un mar vacío, o un mundo,
conocer, no conocer?
Y, pluma en mano, en su celda,
la sufridora, Eloísa,
entre sus dos, él y Él.
A muchos les ha tocado
esta hora atroz,
la del hombre de la orilla:
verse enfrente de la O.
Es fatal.
Adondequiera que mires,
al automóvil o al cínife,
al beso, al agua, al reló,
allí estará:
la O es tu alrededor.

Quizá una nube nos salve
de epidemia, oficio o tigre,
pero de ella, de su fiera
garra disyuntiva, dime
¿quién te salvaría?
Ahí está:
la que nos vuelve imposibles
las nupcias que más querríamos:
la de la luna y el sol,
la de lo uno y lo otro,
la de la cruz con su cara.
No.
Ha de ser aquello o esto,
ha de ser nieve o ardor.
Ella es, ella, la que ordena
el amor que los quería
a los dos,
que si le dice sí al sí,
al no le diga que no.
Y así, llega, sin remedio,
el momento de la orilla,
el trance de desjuntarse,
el de la O,
y sube y sube el temblor.
Temblor del hombre, delante
de lo que viene. ¿Y qué viene?
Casi nada, otro momento,
eso, el momento siguiente.
Y con él, la eternidad.
Porque el momento que viene,
ese que se va a pasar
en un momento, detrás
acarrea otro, y ése
otro, y tan juntos están
que a este que se acerca ahora
ya lo empujan los demás.
Muchos, terrible unidad.
Ése es el cuento,
cuento de nunca acabar.
Por eso tiembla en el borde,
tiembla ante el paso inmediato,
y el momento que se siente

en el umbral de su ya,
el hombre: no, no le engañan,
se les ve la eternidad
debajo del momentáneo
antifaz.
¿Entonces? Quizá lo otro,
quizá,
dar un paso
hacia lo que ya pasó.
¿Redropaso? ¿Hay redropasos?
¿Vuelve la miel al panal;
el beso, vuelve a sus labios?
¿Escaparse de la O
yendo hacia atrás?
Eso no estaría mal.
Pero
¡qué inocentes son los pasos
que se quieren arredrar!
¿Desandar? ¡Puro embeleco!
Siempre se va hacia adelante.
Todo paso que tú das
elige. Y también elige
—simulacro de evadirse—
el paso atrás. Elegir
es una muerte.
Pero ¿el muerto quién será?
Aquello, si escojo esto.
El cadáver es lo otro,
el jazmín si cojo el lirio,
el aire, si quiero el oro,
lo que no se quiso,
lo que se dejó allí solo.
Lo desvivido
para vivir lo que elijo.
Prepárate, junco trémulo
tu víctima: uno, de dos.
Como el rayo que se acerca
ve ya escogiendo tu muerto.
¿Te matarás lo mejor,
sin saber que era tu ángel?
No hay escape.

Tan sólo por una muerte
tiene salida la O.

III

(¡Qué confusión! No tubas de los ángeles,
cláxones y bocinas desaladas,
con veloces sentencias
en este apuro avisan a las almas.
Tres azares preparan la tragedia.
La evita el cuarto azar. No pasa nada.
Nada, esta vez. Pero el suceso sabe
que hay uno, allí, en el borde, que no escapa.)

El hombre sigue en la orilla.
Ve destellos. También dos.
Alternativos relumbres,
pero ¿claridades? No.
Verde, rojo, rojo, verde,
apagándose, encendiéndose,
tan seguidos, tan sin ton
ni son,
¿dan seña al que busca seña
en la orilla?
Si es que uno puede salvarle,
¿cuál, el salvador?
También hay color de sí,
hay también color de no.
¿Pierde el rojo, salva el verde?
¿O es al revés? Confusión
hermana de la del pecho,
delirante titubeo,
latir verde, latir rojo,
dentro, sístoles y diástoles,
apagándose, encendiéndose,
diciendo: «ahora sí, ahora no»
a la sangre de las venas,
que va en busca de su centro.
¡Gravísima indecisión
verdi-rojo, muerte-vida!
Las ruedas perdonan todo

menos el último error.
¿Lo que se enciende, es el diablo?
¿Eso que se apaga, es Dios?

Y el hombre se siente ya
al mismo borde del borde:
en la cinta de la acera,
a las doce. No le queda
más que un momento, el momento
que se va, la última escena.
Sube, por su corazón
—¿o es acaso por el cielo
por donde sube?—, la O,
iluminadora y ciega-
dora, lo mismo que el sol,
velando la claridad,
decisiva
con su propio resplandor,
a su irremisible cenit,
al mediodía del sino
del hombre: cruzar o no.

NOCTURNO DE LOS AVISOS

¿Quién va a dudar de ti, la rectilínea,
que atraviesas el mundo tan derecha
como el asceta, entre las tentaciones?
Todos acatan, hasta el más rebelde,
tus rigurosas normas paralelas:
aceras, el arroyo,
los rieles del tranvía,
tus orillas, altísimos ribazos
sembrados de ventanas, hierba espesa,
que a la noche rebrilla
con gotas del eléctrico rocío.
Infinita a los ojos
y toda numerada, a cada paso
un algo nos revelas
de dos en dos, muy misteriosamente:
setenta y seis, setenta y ocho, ochenta.
¿Marca es de nuestro avance hacia la suma
total, esclavitud a una aritmética
que nos escolta, pertinaz pareja
de pares y de impares,
recordando a los pájaros
esta forzosa lentitud del hombre?
¿O son, como los años, tantas cifras
señas con que marcar en la carrera
sin señales del tiempo, a cada vida,
las lindes del aliento,
año de cuna, año de tumba, texto
sencillo de dos fechas
que cabe en cualquier losa de sepulcro?
¿Llegaré hasta qué número? Quizá
tú no sabes tampoco adónde acabas.
Tu número cien mil, si tú pudieras
prolongarte, ya muerta, sin tus casas,
seguir, por el espacio, así derecha,
¿no sería la Arcadia, y dos amantes,
a la siesta tendidos en la grama,
antes de Cristo y de los rascacielos?
Nunca respondes, hasta que es de noche,

cuando en lo alto de tus dos orillas
empiezan los eléctricos avisos
a sacudir las almas indecisas.

«¡Lucky Strike, Lucky Strike!» ¡Qué refulgencia!
¿Y todo va a ser eso?
¿Un soplo entre los labios,
imitación sin canto de la música,
tránsito de humo a nada?
¿Naufragaré en el aire, sin tragedia?
Ya desde la otra orilla, otros destellos
me alumbran otra oferta:
«White Horse. Caballo Blanco.» ¿Whisky? No.
Sublimación, Pegaso.
Dócil sirviente antiguo de las musas,
ofreciendo su grupa de botella,
al que encuentre el estribo que le suba.
¿Cambiaré el humo aquel por tu poema?
¡Cuantas más luces hay, más hay, de dudas!
Tu piso, sí, tu acera, están muy claros,
pero rayos se cruzan en tus crestas
y el aire se me vuelve laberinto,
sin más hilo posible que aquí abajo:
el hilo de un tranvía sin Ariadna.
¡Qué fácil, sí, perderse en una recta!
Nace centelleante, otra divisa,
un rumbo más, y confusión tercera:
«¡Dientes blancos, cuidad los dientes blancos!»
Se abre en la noche una sonrisa inmensa
dibujada con trazos de bombillas
sobre una faz supuesta en el espacio.
¡Tan bien que me llevabas por tu asfalto,
cuando no me ofrecías tus anuncios!
Ahora, al mirarlos, no hay nada seguro,
para las mariposas, que se queman
un millar por minuto en torpes aras.
No sé por dónde voy más que en el suelo.
Y sin embargo el alba no se alquila.
Lo malo son las luces, las hechizas
luces, las ignorantes pitonisas
que responden con voces más oscuras
a las oscuras voces que pedían.

Ya otra surge,
más trágica que todas: «Coca Cola.
La pausa que refresca.» Pausa. ¿En dónde?
¿La de Paolo y Francesca en su lectura?
¿La del Crucificado entre dos mundos,
muerte y resurrección? O la otra, ésta,
la nada entre dos nadas: el domingo.
Van derechos los pasos todavía:
quebrada línea, avanza, triste, el alma:
tu falsa rectitud no la encamina.
Fingiendo una alegría de arco iris
pluricolor se enciende otra divisa:
«Gozad del mundo. Hoy, a las ocho y treinta.»
La van a defender cien bailarinas
con la precisa lógica de un cuerpo
que argumenta desnudo por el aire
mientras que las coristas,
con un ritmo de jazz, van repitiendo
aquel sofisma, aquel, aquel sofisma.
¿A eso llevabas? ¿El final, tan simple?
¿Vale la pena haber llegado al número
seiscientos veintisiete,
y encontrarse otra vez con nuestros padres?
Mas no será Ya el príncipe constante,
que vuelve, si se fue, que no se rinde,
con su grito de guerra: «Dientes blancos,
no hay nada más hermoso», nos avisa,
contra la gran tramoya
que no se cansan de cantar los besos.
El dentífrico salva:
meditación, mañana tras mañana,
al verse en el espejo el esqueleto;
cuidarlo bien. Los huesos nunca engañan,
y ellos han de heredar lo que dejemos.
Ellos, puro resumen de Afrodita
poso final del sueño.
                                        Ya no sigo.
Incrédulo de letras y de aceras
me sentaré en el borde de la una
a esperar que se apaguen estas luces
y me dejen en paz, con las antiguas.
Las que hay detrás, publicidad de Dios,

Orión, Cefeo, Arturo, Casiopea,
anunciadoras de supremas tiendas,
con ángeles sirviendo
al alma, que los pague sin moneda,
la última, sí, la para siempre moda,
de la final, sin tiempo, primavera.

LO INÚTIL

Me haces falta en la vida
porque no eres el pan
nuestro de cada día.
Porque no se te triza con los dientes
y así se lleva al cuerpo nueva fuerza
con que pedir mañana, lo que ayer:
lo mismo, otra vez pan, hasta la muerte.

Me haces falta
porque tú no te empiezas en las uvas
y acabas en delirio o en mentira.
Porque no eres el vino
en que unos hombres desenamorados
encuentran las palabras
de amor, las que les dicen
a un espectro de amiga descotada
en trescientos salones, de once a doce.
Embriaguez que tú inspiras es hermana
de balanza en el fiel o mediodía.

Me haces falta
porque no eres la luz amanecida
a la hora que la anuncian los diarios,
la luz que hiere al despertar los ojos
siempre en la misma cicatriz, ayer.
Tan de pronto te alumbras, imprevista,
que hay que esperarte, sin saber por cuál
oscuridad vendrás, dolor o noche.

Me haces falta
porque no se distingue tu materia.
No eres del raso o de los terciopelos
que el gran dolor consuelan del desnudo.
No del metal que ciñe en cerco de aire
para que no se escapen
las promesas del día de las bodas.
Ni eres, casi tampoco, de tu carne.
El inocente tacto

—ilusión antiquísima y con guantes
de que el mundo es tangible y se le toca—,
en el marfil atina con el canto,
en el metal con las precisas letras,
con el amor en la trémula mano.
Pero a ti no te acierta, y de buscarte
vacío todo vuelve, y derrotado.

Me haces falta
porque no eres un techo, ni los muebles,
ni lecho blando ni candada puerta.
Me amparas sin confines ni tejado.
En templanza infinita me cobijas
como en marzo, al final, el aire, al pájaro.

Me haces falta
porque a ti nunca te cortejan jueces
en busca de verdades, ni el filósofo.
Nunca tienes razón, y así, no matas.
Ni hay angustiado al que le des la prueba
de que existe en el mundo
algo más que un afán de que algo exista.
Innecesaria pura, puro exceso,
tú, la invisible sobra de las cuentas
que el mundo se va echando,
contable triste, siglo a siglo historia,
sin ti todos se pasan.
Menos yo. Yo que sé
que tú, la demasía, tú la sobra,
en estos cortos cálculos del suelo,
eres, en una altísima
celesta matemática
que los astros aprenden por las noches
y nunca el hombre, exacta-
mente lo que me falta.
Y todo está entendido:
el sino de la vida es lo incompleto.

CERO

Y esa Nada, ha causado muchos llantos,
Y Nada fue instrumento de la Muerte,
Y Nada vino a ser muerte de tantos.

Francisco de Quevedo

Ya maduró un nuevo cero
que tendrá su devoción.

Antonio Machado

I

Invitación al llanto. Esto es un llanto,
ojos, sin fin, llorando,
escombrera adelante, por las ruinas
de innumerables días.
Ruinas que esparce un cero —autor de nadas,
obra del hombre—, un cero, cuando estalla.

Cayó ciega. La soltó,
la soltaron, a seis mil
metros de altura, a las cuatro.
¿Hay ojos que le distingan
a la tierra sus primores
desde tan alto?
¿Mundo feliz? ¿Tramas, vidas,
que se tejen, se destejen,
mariposas, hombres, tigres,
amándose y desamándose?
No. Geometría. Abstractos
colores sin habitantes,
embuste liso de atlas.
Cientos de dedos del viento
una tras otra pasaban
las hojas
—márgenes de nubes blancas—
de las tierras de la tierra,
vuelta cuaderno de mapas.
Y a un mapa distante ¿quién
le tiene lástima? Lástima

da una pompa de jabón
irisada, que se quiebra;
o en la arena de la playa
un crujido, un caracol
roto
sin querer, con la pisada.
Pero esa altura tan alta
que ya no la quieren pájaros,
le ciega al querer su causa
con mil aires trasparentes.
Invisibles se le vuelven
al mundo delgadas gracias:
la azucena y sus estambres,
colibríes y sus alas,
las venas que van y vienen,
en tierno azul dibujadas,
por un pecho de doncella.
¿Quién va a quererlas
si no se las ve de cerca?

Él hizo su obligación:
lo que desde veinte esferas
instrumentos ordenaban,
exactamente: soltarla
al momento justo.

Nada

Al principio
no vio casi nada. Una
mancha, creciendo despacio,
blanca, más blanca, ya cándida.
¿Arrebañados corderos?
¿Vedijas, copos de lana?
Eso sería...
¡Qué peso se le quitaba!
Eso sería: una imagen
que regresa.
Veinte años atrás, un niño.
Él era un niño —allá atrás—
que en estíos campesinos
con los corderos jugaba
por el pastizal. Carreras,

topadas, risas, caídas
de bruces sobre la grama,
tan reciente de rocío
que la alegría del mundo
al verse otra vez tan claro,
le refrescaba la cara.
Sí; esas blancuras de ahora,
allá abajo
en vellones dilatadas,
no pueden ser nada malo:
rebaños y más rebaños
serenísimos que pastan
en ancho mapa de tréboles.
Nada malo. Ecos redondos
de aquella inocencia doble
veinte años atrás: infancia
triscando con el cordero
y retozos celestiales,
del sol niño con las nubes
que empuja, pastora, el alba.
Mientras,
detrás de tanta blancura
en la tierra —no era mapa—
en donde el cero cayó,
el gran desastre empezaba.

II

Muerto inicial y víctima primera:
lo que va a ser y expira en los umbrales
del ser. ¡Ahogado coro de inminencias!
Heráldicas palabras voladoras
—«¡pronto!», «¡en seguida!», «¡ya!»—, nuncios de dichas
colman el aire, lo vuelven promesa.
Pero la anunciación jamás se cumple:
la que aguardaba el éxtasis, doncella,
se quedará en su orilla, para siempre
entre su cuerpo y Dios alma suspensa.
¡Qué de esparcidas ruinas de futuro
por todo alrededor, sin que se vean!

Primer beso de amantes incipientes.
¡Asombro! ¿Es obra humana tanto gozo?
¿Podrán los labios repetirlo? Vuelan
hacia el segundo beso; más que beso,
claridad quieren, buscan la certeza
alegre de su don de hacer milagros
donde las bocas férvidas se encuentran.
¿Por qué si ya los hálitos se juntan
los labios a posarse nunca llegan?
Tan al borde del beso, no se besan.

Obediente al ardor de un mediodía
la moza muerde ya la fruta nueva.
La boca anhela el más celado jugo;
del anhelo no pasa. Se le niega
cuando el labio presiente su dulzura
la condensada dentro, primavera,
pulpas de mayo, azúcares de junio,
día a día sumados a la almendra.
Consumación feliz de tanta ruta,
último paso, amante, pie en el aire,
que trae amor adonde amor espera.
Tiembla Julieta de Romeos próximos,
ya abre el alma a Calisto, Melibea.
Pero el paso final no encuentra suelo.
¿Dónde, si se hunde el mundo en la tiniebla,
si ya es nada Verona, y si no hay huerto?
De imposibles se vuelve la pareja.

¿Y esa mano —¿de quién?—, la mano trunca
blanca, en el suelo, sin su brazo, huérfana,
que busca en el rosal la única abierta,
y cuando ya la alcanza por el tallo
se desprende, dejándose a la rosa,
sin conocer los ojos de su dueña?

¡Cimeras alegrías tremolantes,
gozo inmediato, pasmo que se acerca:
la frase más difícil, la penúltima,
la que lleva, derecho, hasta el acierto,
perfección vislumbrada, nunca nuestra!

¡Imágenes que inclinan su hermosura
sobre espejos que nunca las reflejan!

¡Qué cadáver ingrávido: un mañana
que muere al filo de su aurora cierta!
Vísperas son capullos. Sí, de dichas;
sí, de tiempo, futuros en capullos.
¡Tan hermosas, las vísperas!
¡Y muertas!

III

¿Se puede hacer más daño, allí en la tierra?
Polvo que se levanta de la ruina,
humo del sacrificio, vaho de escombros
dice que sí se puede. Que hay más pena.
Vasto ayer que se queda sin presente,
vida inmolada en aparentes piedras.

¡Tanto afinar la gracia de los fustes
contra la selva tenebrosa alzados
de donde el miedo viene al alma, pánico!
Junto a un altar de azul, de ola y espuma,
el pensar y la piedra se desposan;
el mármol, que era blanco, es ya blancura.
Alborean columnas por el mundo,
ofreciéndole un orden a la aurora.
No terror, calma pura da este bosque,
de noble savia, pórtico.
Vientos y vientos de dos mil otoños
con hojas de esta selva inmarcesible
quisieran aumentar sus hojarascas.
Rectos embisten, curvas les engañan.
Sin botín huyen. ¿Dónde está su fronda?
No pájaros, sus copas, procesiones
de doncellas mantienen en lo alto,
que atraviesan el tiempo, sin moverse.

Este espacio que no era más que espacio
a nadie dedicado, aire en vacío,
la lenta cantería lo redime
piedras poniendo, de oro, sobre piedras,

de aquella indiferencia sin plegaria.
Fiera luz, la del sumo mediodía,
claridad, toda hueca, de tan clara
va aprendiendo, ceñida entre altos muros
mansedumbres, dulzuras; ya es misterio.
Cantan coral callado las ojivas.
Flechas del alba cruzan por los santos
incorpóreos; no hieren, les traen vida
de colores. La noche se la quita.
La bóveda, al cerrarse abre más cielo.
Y en la hermosura vasta de estos límites
siente el alma que nada la termina.

Tierra sin forma, pobre arcilla; ahora
el torno la conduce hasta su auge:
suave concavidad, nido de dioses.
Poseidón, Venus, Iris, sus siluetas
en su seno se posan. A esta crátera
ojos, siempre sedientos, a abrevarse
vienen de agua de mito, inagotable.
Guarda la copa en este fondo oscuro
callado resplandor, eco de Olimpo.
Frágil materia es, mas se acomodan
los dioses, los eternos, en su círculo.

Y así, con lentitud que no descansa,
por las obras del hombre se hace el tiempo
profusión fabulosa. Cuando rueda
el mundo, tesorero, va sumando
—en cada vuelta gana una hermosura—
a belleza de ayer, belleza inédita.
Sobre sus hombros gráciles las horas
dádivas imprevistas acarrean.
¿Vida? Invención, hallazgo, lo que es
hoy a las cuatro, y a las tres no era.
Gozo de ver que si se marchan unas
trasponiendo la ceja de la tarde,
por el nocturno alcor otras se acercan.
Tiempo, fila de gracias que no cesa.
¡Qué alegría, saber que en cada hora
algo que está viniendo nos espera!
Ninguna ociosa, cada cual su don;

ninguna avara, todo nos lo entregan.
Por las manos que abren somos ricos
y en el regazo, tierra, de este mundo
dejando van sin pausa
novísimos presentes: diferencias.
¿Flor? Flores. ¡Qué sin fin de flores, flor!
Todo, en lo igual, distinto: primavera.
Cuando se ve la tierra amanecerse
se siente más feliz. La luz que llega
a estrenarle las obras que este día
le acrece su plural. ¡Es más diversa!

IV

El cero cae sobre ellas.
Ya no las veo, a las muchas,
las bellísimas, deshechas,
en esa desgarradora
unidad que las confunde,
en la nada, en la escombrera.

Por el escombro busco yo a mis muertos;
más me duele su ser tan invisibles.
Nadie los ve; lo que se ve son formas
truncas; prodigios eran, singulares,
que retornan, vencidos, a su piedra.
Muertos añosos, muertos a lo lejos,
cadáveres perdidos,
en ignorado osario perfecciona
la tierra, lentamente, su esqueleto.
Su muerte fue hace mucho. Esperanzada
en no morir, su muerte. Ánima dieron
a masas que yacían en canteras.
Muchas piedras llenaron de temblores.
Mineral que camina hacia la imagen,
misteriosa tibieza, ya corriendo
por las vetas del mármol,
cuando, curva tras curva, se le empuja
hacia su más, a ser pecho de ninfa.
Piedra que late así con un latido
de carne que no es suya, entra en el juego
—ruleta son las horas y los días—:

el jugarse a la nada, o a lo eterno
el caudal de sus formas confiado:
el alma de los hombres, sus autores.
Si es su bulto de carne fugitivo,
ella queda detrás, la salvadora
roca, hija de sus manos, fidelísima,
que acepta con marmóreo silencio
augusto compromiso: eternizarlos.
Menos morir, morir así: transbordo
de una carne terrena a bajel pétreo
que zarpa, sin más aire que le impulse
que un soplo, al expirar, último aliento.
Travesía que empieza, rumbo a siempre;
la brújula no sirve, hay otro norte
que no confía a mapas su secreto;
misteriosos pilotos invisibles,
desde tumbas los guían, mareantes
por aguja de fe, según luceros.
Balsa de dioses, ánfora.
Naves de salvación con un polícromo
velamen de vidrieras, y sus cuentos.
Mármol, que flota porque viste de Venus.
Naos prodigiosas, sin cesar hendiendo
inmóviles, con proas tajadoras
auroras y crepúsculos, espumas
del tumbo de los años; años, olas
por los siglos alzándose y rompiendo.
Peripecia suprema día y noche,
navegar tesonero
empujado por racha que no atregua:
negación del morir, ansia de vida,
dando sus velas, piedras, a los vientos.
Armadas extrañísimas de afanes,
galeras, no de vivos, no de muertos,
tripulaciones de querencias puras,
incansables remeros,
cada cual con su remo, lo que hizo,
soñando en recalar en la celeste
ensenada segura, la que está
detrás, salva, del tiempo.

V

¡Y todos, ahora, todos,
qué naufragio total, en este escombro!
No tibios, no despedazados miembros
me piden compasión, desde la ruina:
de carne antigua voz antigua, oigo.

Desgarrada blancura, torso abierto,
aquí, a mis pies, informe.
Fue ninfa geométrica, columna.
El corazón que acaban de matarle,
Leuquipo, pitagórico,
calculador de sueños, arquitecto,
de su pecho lo fue pasando a mármoles.
Y así, edad tras edad, en estas cándidas
hijas de su diseño
su vivir se salvó. Todo invisible,
su pálpito y su fuego.
Y ellas abstractos bultos se fingían,
pura piedra, columnas sin misterio.

Más duelo, más allá: serafín trunco,
ángel a trozos, roto mensajero.
Quebrada en seis pedazos
sonrisa, que anunciaba, por el suelo.
Entre el polvo guedejas
de rubia piedra, pelo tan sedeño
que el sol se lo atusaba a cada aurora
con sus dedos primeros.
Alas yacen usadas a lo altísimo,
en barro acaba su plumaje célico.
(A estas plumas del ángel desalado
encomendó su vuelo
sobre los siglos el hermano Pablo,
dulce monje cantero.)

Sigo escombro adelante, solo, solo.
Hollando voy los restos
de tantas perfecciones abolidas.
Años, siglos, por siglos acudieron

aquí, a posarse en ellas; rezumaban
arcillas o granitos,
linajes de humedad, frescor edénico.
No piso la materia; en su pedriza
piso el mayor dolor, tiempo deshecho.
Tiempo divino que llegó a ser tiempo
poco a poco, mañana tras su aurora,
mediodía camino de su véspero,
estío que se junta con otoño,
primaveras sumadas al invierno.
Años que nada saben de sus números,
llegándose, marchándose sin prisa,
sol que sale, sol puesto,
artificio diario, lenta rueda
que va subiendo al hombre hasta su cielo.
Piso añicos de tiempo.
Camino sobre anhelos hechos trizas
sobre los días lentos
que le costó al cincel llegar al ángel;
sobre ardorosas noches,
con el ardor ardidas del desvelo
que en la alta madrugada da, por fin,
con el contorno exacto de su empeño...
Hollando voy las horas jubilares:
triunfo, toque final, remate, término
cuando ya, por constancia o por milagro,
obra se acaba que empezó proyecto.

Lo que era suma en un instante es polvo.
¡Qué derroche de siglos, un momento!
No se derrumban piedras, no, ni imágenes;
lo que se viene abajo es esa hueste
de tercos defensores de sus sueños.
Tropa que dio batalla a las milicias
mudas, sin rostro, de la nada; ejército
que matando a un olvido cada día
conquistó lentamente los milenios.

Se abre por fin la tumba a que escaparon;
les llega aquí la muerte de que huyeron.
Ya encontré mi cadáver, el que lloro.
Cadáver de los muertos que vivían

salvados de sus cuerpos pasajeros.
Un gran silencio en el vacío oscuro,
un gran polvo de obras, triste incienso,
canto inaudito, funeral sin nadie.
Yo solo le recuerdo, al impalpable,
al NO dicho a la muerte, sostenido
contra tiempo y marea: ése es el muerto.

Soy la sombra que busca en la escombrera.
Con sus siete dolores cada una
mil soledades vienen a mi encuentro.
Hay un crucificado que agoniza
en desolado Gólgota de escombros,
de su cruz separado, cara al cielo.
Como no tiene cruz parece un hombre.
Pero aúlla un perro, un infinito perro
—inmenso aullar nocturno ¿desde dónde?—,
voz clamante entre ruinas por su Dueño.

JARDINES, ÉSTE Y AQUÉL

¡Qué primavera de nubes,
por lo más alto!

Cielos hay que en el otoño
tienen su mayo.

¿Jardines? Para el afán:
nunca pisados,

que en eras azules abren
rosales cándidos.

¿De qué tierra sin sepulcros
salen sus tallos?

¿Quién les sentirá el aroma
que vayan dando?

En alcázares de aires
puestas a salvo,

purezas sumas se guardan
de todo tacto.

Es tan tenue su materia,
cendales vagos,

muy precipitadas rosas,
pétalos rápidos,

que apenas bosquejan formas
se van borrando.

¿Qué dedos del viento, soplos,
las han cortado?

¿En qué camarín celeste
lucen sus ramos?

¡Quien lo sabe se lo calla!
No tiene labios.

¡Todo, abierto paraíso!
¡Y el más cerrado!

Si imposible el de los cielos
jardín abajo,

rosas más fáciles brinda,
sugiere acasos.

A las leves, las más leves,
se van las manos.

Cortan otras que no cortan,
cortan engaños.

Se encantan con estas rosas
los desencantos,

blancuras suyas consuelan
de aquellos blancos.

Los imposibles ¿por qué
se ven tan claros?

Pero, hermosísimos, vivan
los simulacros.

[LA CABEZA ESTÁ INCLINADA]

La cabeza está inclinada,
pensando.
Su señor, ¿ilusión, sueño?
Quieta.
Pero el viento
es el amo del cabello.
Juega.
Se apodera de los rizos,
traza
efímeros arabescos
en el espacio blanquísimo,
y él mismo lo borra luego.
Con la cabellera negra
el viento
escribe lo que desea:
juega que juega.
Ella, dolida, pensante,
no sabe
que otra fuerza,
más que la suya, allí fuera,
está jugando con ella.
La pensativa y el viento,
la atormentada y su pelo,
el amor, y el aire, nada.

ÉSTA

¡Cuánto olor en esta rosa!
Si el regalo de hoy, traído
por el alba mandadera,
puro presente, parece,
respiro
en su temporal delicia
siglos de olores de rosa,
miles
de vergeles escondidos
—Sevillas o Babilonias,
Versalles, quizá, o Egiptos—
en los pensiles del tiempo.
Aspirando estoy en ésta
diverso aroma, y el mismo:
el de ella, en mi mano, aquí,
y detrás un largo aroma
de rosas, rosas más rosas,
fragantes desde su ayer:
aroma de desolvidos.
¿Marchitos
tantos pétalos pasados?
¿Muertos?
                Nunca muertos. Vivos
ante mis ojos, en esta
rosa que va, con divino
paso, del alba a la noche;
tan señora de su ritmo
de sin pereza y sin prisa,
tan sin miedo a su destino
de ser breve, que se encuentra
su grandeza allí: en lo mínimo.
¿Su ternura? Engaño era:
rosa más dura que peña.
Mentira su breve sino.
Más que piedras de tronchados,
ella durará, obeliscos.
Y en su tallo, más que en ellos
colúmpiase un infinito.

ADREDE

Si por cauces, entre juncias,
en busca corre la nieve
de corales que soñó;
si redondas formas claras
por el aire van y vienen
entre raquetas o liras;
si el pájaro echa a volar
porque se abre de repente
surtidor en el silencio,
todo es adrede,
el mundo algo quiere.

Si en cortar las hojas secas
las estrellas se entretienen,
y van menguando los días;
si ese niño se equivoca
y dice: «cuatro y dos siete»,
al ver cruzar unas nubes;
si los duraznos de junio
agraces truecan por mieles,
y verdores por carmines,
todo es adrede,
el mundo algo quiere.

Si al pasar junto a un espejo
mi misma imagen me duele,
porque no es como sería;
si se rompe un mito y Dafne
llora en primavera al verse
rosados brazos sin hoja;
si grita y grita el teléfono
y la otra voz está ausente
y un porvenir agoniza,
todo es adrede,
el mundo algo quiere.

Si artera sota se acerca
de puntas sobre el tapete

y asesina al quinto sueño;
si existe amor tan ingrávido
que ningún reló le siente
y escapa a ayer o a mañana;
si palabras tan distintas
acaban por entenderse
como «abril», «mil», «beso», «peso»,
todo es adrede,
el mundo algo quiere.

Si el haragán, rey del ocio,
en yerba de abril se tiende,
silba, que silba, que silba;
si doce doncellas lloran
y ningún héroe viene
a arrancarlas de sus cifras;
si un imposible me salva
a orillas del accidente,
tirándome de mi sombra,
todo es adrede,
el mundo algo quiere.

Que aunque, villano, el azar
visibles, rumbos no lleve,
el aire todo es caminos.
¿Lo casual? Hermosas máscaras
que la suerte
pone y quita, quita y pone
sobre la faz de lo adrede.
El mundo algo quiere.

REDONDEZ

I

Cuando ya va claro el río
abril pone su academia:
pájaros, maestros,
por las alamedas.

Aves con pico de oro
del alba a la noche enseñan
sus sabidurías
a las hojas tiernas.

Escucha el follaje párvulo
doctrinas de antigua escuela:
pío de gorrión,
lección de oropéndola.

II

El agua del río es moza;
sin pensar corre, ligera.
Árboles de la orilla
por ella piensan.

Saber que aprenden de aves
hoja por hoja lo entregan
en trémulos reflejos
a aguas doncellas.

Pliegos tersos brinda el río,
sol y sombra traen su imprenta;
lo que en ramas cantaba
ya corre en letras.

Recados de aves y frondas
feliz la corriente lleva.
¡De prisa va, de prisa,
que es mensajera!

III

¡Cuánto bosque, cuánto trino
el río al mar acarrea!
Entre márgenes verdes,
la gaya ciencia.

Al corazón océano
mirlo, chopo, alondra, llegan.
Rindió el río viaje,
muere sin pena.

Marineros de los barcos
oyen, cuando el alba quiebra,
son de frondas y píos:
creen que sueñan.

No, por el río vinieron.
Sí, de aquellas alamedas.
A las olas añaden
más primavera.

IV

Ya se ha cerrado un anillo;
hay algo que se completa.
Ruiseñor posa en espumas,
las frondas son marineras,
el cielo se vuelve al mar
y el mar al cielo regresa.
Eslabonada se siente,
total unidad, la tierra.
Y el himno se reconoce
ya su magia, la secuencia.
Un mundo rueda, tranquilo.
¡Qué redondez tan perfecta!

VER LO QUE VEO

Quisiera más que nada, más que sueño,
ver lo que veo.

No buscar hondos signos por celestes
mundos supremos.
Estrellas, a mi alcance, estos guijarros,
duros luceros.
Copia con ellos mano caprichosa
altos modelos;
fulgen, de cuarzo, las constelaciones
Cisne, Perseo.
Aquí las tengo.

Por tornasoles nunca iré al crepúsculo,
tan pasajeros.
Horizontes conozco comprimidos,
edenes ciertos.
Crepúsculos inmóviles, constantes,
sol sin descenso.
Arreboles portátiles: los llevan
las conchas dentro.
Aquí los tengo.

Que entre brumas persigan las galeras
intactos reinos,
para dar a la tierra nueva tierra,
más viento al viento.
En la playa me estoy, al horizonte,
por vago, ajeno;
mis ojos dejo que en la arena abreven
todo su anhelo.
En esos granos, que por chicos vuelan
sólo a mi aliento,
hundo la mano, y en mi palma nace
áureo imperio.
De tierras de vergel, madres de rosas,
de altos roquedos,
de campos de trigal, de parameras,

la arena, restos.
Aquí descubro yo mis continentes,
mis archipiélagos.
Glorias del Almirante, Indias levísimas,
aquí las tengo:
(Apenas; que las cojo y ya se huyen
entre los dedos.)
El futuro, distancia. No te pierda
lo venidero.
A ti te acerca tu presente. Ser
es estar siendo.
Prisa, apetito de las lejanías,
torpe atropello
de las largas dulzuras del minuto:
da tiempo al tiempo.
A la orilla del río de su calma,
quieto, contemplo.
Por la visión de lo que está delante,
dejo el proyecto.
¿A qué darle palabras al poema,
si lo estoy viendo?
Los dos amantes, dulce río abajo,
sueltan los remos;
que los lleven las ondas sosegados,
amor es lento.
El caudal de su dicha y el del agua
fluyen parejos.
Lo que ellos hablan y la espuma dice
suena de acuerdo.
Alguien que no está en ellos, y sí en ellos,
sabe su término.
Mirándose en los ojos más cercanos
se ven el puerto.

¿Es lo que veo el río, o es el río?
¿Soy yo los dos amantes, o son ellos?

Sí. Ver lo que se ve. Ya está el poema,
aquí, completo.

CONFIANZA

Mientras haya
alguna ventana abierta,
ojos que vuelven del sueño,
otra mañana que empieza.

Mar con olas trajineras
—mientras haya—
trajinantes de alegrías,
llevándolas y trayéndolas.

Lino para la hilandera,
árboles que se aventuren,
—mientras haya—
y viento para la vela.

Jazmín, clavel, azucena,
donde están, y donde no
en los nombres que los mientan.

Mientras haya
sombras que la sombra niegan,
pruebas de luz, de que es luz
todo el mundo, menos ellas.

Agua como se la quiera
—mientras haya—
voluble por el arroyo,
fidelísima en la alberca.

Tanta fronda en la sauceda,
tanto pájaro en las ramas
—mientras haya—,
tanto canto en la oropéndola.

Un mediodía que acepta
serenamente su sino
que la tarde le revela.

Mientras haya
quien entienda la hoja seca,
falsa elegía, preludio
distante a la primavera.

Colores que a sus ausencias
—mientras haya—
siguiendo a la luz se marchan
y siguiéndola regresan.

Diosas que pasan ligeras
pero se dejan un alma
—mientras haya—
señalada con sus huellas.

Memoria que le convenza
a esta tarde que se muere
de que nunca estará muerta.

Mientras haya
trasluces en la tiniebla,
claridades en secreto,
noches que lo son apenas.

Susurros de estrella a estrella
—mientras haya—
Casiopea que pregunta
y Cisne que la contesta.

Tantas palabras que esperan,
invenciones, clareando
—mientras haya—,
amanecer de poema.

Mientras haya
lo que hubo ayer, lo que hay hoy,
lo que venga.

Baltimore, 1942 - Puerto Rico, 1944.

ÍNDICE

De Fábula y signo (1931)

De La voz a ti debida (1933)

De Razón de amor (1936)

De Largo lamento (1936-1939)

De El contemplado (1946)

De Todo más claro (1949)

De CONFIANZA (1955)

Obras Maestras
de la
Literatura Contemporánea

Títulos publicados:

1. *Crónica de una muerte anunciada*
   Gabriel García Márquez
2. *La familia de Pascual Duarte*
   Camilo José Cela
3. *La ciudad y los perros*
   Mario Vargas Llosa
4. *Por quién doblan las campanas*
   Ernest Hemingway
5. *El poder y la gloria*
   Graham Greene
6. *El Aleph*
   Jorge Luis Borges
7. *La peste*
   Albert Camus
8. *Narciso y Goldmundo*
   Hermann Hesse
9. *El reino de este mundo*
   Alejo Carpentier
10. *La campesina (La ciociara)*
    Alberto Moravia
11. *El espía que surgió del frío*
    John le Carré
12. *Poesía y prosa*
    Juan Ramón Jiménez
13. *La condición humana*
    André Malraux
14. *Luz de agosto*
    William Faulkner
15. *Residencia en la tierra*
    Pablo Neruda
16. *La muerte en Venecia*
    Thomas Mann

17. *Lolita*
Vladimir Nabokov
18. *Reunión y otros relatos*
Julio Cortázar
19. *La náusea*
Jean-Paul Sartre
20. *El proceso*
Franz Kafka
21. *Poesía*
Antonio Machado
22. *Trópico de Cáncer*
Henry Miller
23. *Viaje al fin de la noche*
Louis Ferdinand Céline
24. *Los santos inocentes*
Miguel Delibes
25. *Dublineses*
James Joyce
26. *A sangre fría*
Truman Capote
27. *Pedro Páramo/El Llano en llamas*
Juan Rulfo
28. *La mujer rota*
Simone de Beauvoir
29. *El viejo y el mar*
Ernest Hemingway
30. *Bodas de sangre/Yerma*
Federico García Lorca
31. *El último verano de Klingsor*
Hermann Hesse
32. *El agente secreto*
Joseph Conrad
33. *La arboleda perdida*
Rafael Alberti
34. *Veinte poemas de amor y una canción desesperada*
Cien sonetos de amor
Pablo Neruda
35. *La playa*
Cesare Pavese
36. *El siglo de las luces*
Alejo Carpentier
37. *Contrapunto*
Aldous Huxley
38. *Los viejos marineros*
Jorge Amado
39. *Las peras del olmo*
Octavio Paz

40. *El conformista*
Alberto Moravia
41. *El topo*
John le Carré
42. *El astillero*
Juan Carlos Onetti
43. *El doctor Jivago*
Boris L. Pasternak
44. *Las tribulaciones del estudiante Törless*
Robert Musil
45. *Kim*
Rudyard Kipling
46. *Doktor Faustus*
Thomas Mann
47. *La isla de Róbinson*
Arturo Uslar Pietri
48. *Billar a las nueve y media*
Heinrich Böll
49. *La guerra de los mundos*
Herbert George Wells
50. *Poesía*
Miguel Hernández
51. *Los monederos falsos*
André Gide
52. *Trópico de Capricornio*
Henry Miller
53. *Sobre héroes y tumbas*
Ernesto Sabato
54. *El castillo*
Franz Kafka
55. *El difunto Matías Pascal*
Luigi Pirandello
56. *Hijo de hombre*
Augusto Roa Bastos
57. *El hombre que fue Jueves*
Gilbert K. Chesterton
58. *Hiroshima mon amour*
Marguerite Duras
59. *Tres tristes tigres*
G. Cabrera Infante
60. *Nuestro hombre en La Habana*
Graham Greene
61. *Servidumbre humana* (I)
W. Somerset Maugham
62. *Servidumbre humana* (II)
W. Somerset Maugham

63. *Juntacadáveres*
Juan Carlos Onetti

64. *Otra vuelta de tuerca*
Henry James

65. *Corre, Conejo*
John Updike

66. *Días de infancia*
Máximo Gorki

67. *Años inolvidables*
John Dos Passos

68. *La destrucción o el amor/Sombra del paraíso*
Vicente Aleixandre

69. *Al faro*
Virginia Woolf

70. *Los negocios del señor Julio César*
Bertolt Brecht

71. *Mientras agonizo*
William Faulkner

72. *Cambio de piel*
Carlos Fuentes

73. *Mujeres enamoradas*
D. H. Lawrence

74. *El gatopardo*
Giuseppe Tomasi de Lampedusa

75. *Lucharon por la patria*
Mijail Shólojov

76. *Si te dicen que caí*
Juan Marsé

77. *Retrato del artista adolescente*
James Joyce

78. *La luna se ha puesto*
John Steinbeck

79. *El archivo de Egipto*
Leonardo Sciascia

80. *El túnel*
Ernesto Sabato

81. *La balada del café triste*
Carson McCullers

82. *El barón rampante*
Italo Calvino

83. *La casa de Matriona/Nunca cometemos errores*
Alexandr Solzhenitsin

84. *Tiempo de silencio*
Luis Martín Santos

85. *Islas a la deriva*
Ernest Hemingway

86. *Cántico, I*
Jorge Guillén
87. *Cántico, II*
Jorge Guillén
88. *El zafarrancho aquel de via Merulana*
Carlo Emilio Gadda
89. *La colmena*
Camilo José Cela
90. *El americano impasible*
Graham Greene
91. *Antología poética*
Pedro Salinas